KB194453

부동산 공부는 처음이라

부동산 공부는 처음이라

채상욱 지음

라이프런
LifeLearn

부린이를 위한 부동산 수업

저는 2011년부터 여의도 금융회사에서 일하면서 부동산에 관해 다양한 조사와 분석을 해왔습니다. 부동산 정책과 시장의 관계, 시행에서 시공, 또 운영까지 관여하는 다양한 기업들, 인테리어 산업, 부동산과 금융 분야 등 다양한 주제를 조사하고 분석하여 이를 보고서로 작성하거나 소셜미디어에 올리는 작업을 해왔습니다.

세상에 쉬운 일이 없긴 하지만, 부동산을 공부한다는 것 자체가 얼마나 어려운지 자연스럽게 알게 되었습니다. 왜냐하면 부동산이란, 집이나 건물, 토지와 같은 물리적 실체가 있긴 해도 그 구성에 있어서 자기 자본인지 타인 자본인지에 따라 나뉠 수도 있고, 입지가치와 상품 가치 등 가치평가에 따라 나뉠 수도 있으며, 또 권리관계에 따라 사용권과 수익권, 처분권이라는 3가지 권리로 각각 파악할 수도 있는 매우 복잡다단한 상품이기 때문입니다.

무엇보다 부동산은 시장 규모가 무척 큽니다. 개인 간의 주택 거래를 통해서 총 350조 원이 넘는 거래 액수가 발생하고, 약 80조 원 수준의 주택 매각이익(양도차액)이 발생하기도 하며, 이 중 17조 원 수준의 양도소득세가 나오는 매우 큰 거래 시장이기도 합니다.

부동산은 토지/건물/주택 등으로 나눌 수 있는데 이 중에 주택만 5,500조 원이 넘는 시장 가치를 차지합니다. 이는 주식 시장 전체의 약 2배에 이를 정도로 거대합니다. 건물과 시설물, 토지 등까지 합친다면 국내 부동산 총 시가총액은 1경 원이 훌쩍 넘으며, 이는 국내 모든 자산군 중에서 가장 큰 규모입니다.

부동산은 늘 정부 정책의 주요 대상이기도 했습니다. 정부는 다양한 형식으로 정책을 발표해왔습니다. 수요 억제와 공급 확대부터 수요 확대와 공급 억제까지 시장 상황에 따라서 많은 대책이 지난 50년간 이뤄져 왔습니다. 부동산 정책에는 복잡한 세법상의 내용도 매우 많습니다. 가령 '양도소득세를 중과하기로 했고, 장기보유특별공제를 배제하기로 했다'는 정책이 발표됐을 때, 이 내용을 파악하려면 양도소득세율은 어떻게 되고, 중과란 무슨 의미이며, 또 장기보유특별공제는 무엇인지 등 3가지 내용을 알아야만 이해할 수 있습니다. 또 이렇게 되었을 때 종전보다 무엇이 더 유리해지는지 혹은 불리해지는지 단박에 파악하기가 쉽지 않습니다.

주택의 공급방식도 복잡합니다. 신규 주택의 공급방식인 청약만 해도 알아야 할 것이 산더미입니다. 신규 분양으로 공급되는 주택이 국민주택인지 민영주택인지 구분할 수 있는 사람이 의외로 적습니다. 또 공급의 형태로 특별공급과 일반공급이 존재합니다. 이 중에 신혼부부 특별공급이나 다자녀 특별공급과 같은 특별공급은 알지만, 그게 국민주택의 신혼부부 특별공급인지 민영주택의 신혼부부 특별공급인지에 따라 기준도 다르고 평가방식도 다르다는 것까지 아는 사람은 적습니다. 일반공급도 쉬운 게 아닌데요. 우선공급은 무엇이고 당첨방식은 어떻게 되고, 언론 기사에 자주 등장하는 가점제 방식에서 자신의 점수가 몇 점인지, 가점제로 당첨되는 사람은 누구인지, 가점제가 100%인지, 75%인지, 50%인지는 어디서 알 수 있는지 등 사소한 것부터 중요한 것까지 궁금한 것투성이입니다.

재건축과 같은 정비사업을 통해 주택을 공급한다고 했을 때 복잡함은 이제 정교한 수학모델이 필요한 수준까지 올라갑니다. 단순히 재개발과 재건축을 통해서 주택이 공급되는 것을 넘어서, 재건축 조합원, 혹은 재개발 조합원이 된다면, 이제부터 그는 조합이라는 법인의 운영과 관련해서 상법부터 도시 및 주거환경정비법, 또 국내 건설공사계약의 주요한 내용부터 건설사와 조합의 갈등 사례, 또 정비사업과 관련한 각 지자체의 다양한 조례들, 수많은 심의, 주택도시보증공사의 분양가 심사 규정까지, 알아야 할 것이 태산입니다.

이처럼 부동산에는 복잡한 특성이 있다 보니, '실거주를 위한 내 집 한 채 마련'한다는 소박한 꿈을 이루기가 얼마나 어려운 일인지 깨달았습니다. 그래서 내 집 마련으로 밤잠을 설치고 있을 누군가를 위해서 이 책을 쓰게 되었습니다.

이 책은 주택 시장에 대한 기본 상식으로 시작해서 기존 주택을 매수할 때의 유의점이나 가치평가를 하는 방법, 청약제도에서도 어떤 방식의 청약이 있고 나는 어떤 형태로 청약에 접근해야 할지에 대한 개념 잡기, 또 주택과 아파트, 3기 신도시를 둘러싼 부동산 상식부터 지난 50여 년간 반복되어온 부동산 정책의 역사, 또 현재 어떤 정책들이 적용되고 있으며 이들 정책의 특징은 무엇인지, 나아가 이런 제도들 속에서 나에게 어떤 부분이 유리하고 불리한지 등을 깨닫고 현명하게 대응할 수 있도록 부동산과 관련한 거의 모든 주제를 이 책 한 권으로 다루고자 했습니다.

이 책은 부동산을 하나도 모른다고 찾아왔던 회사 후배들이나 지인들에게 하나둘 가르쳐주던 것을 토대로 만들어졌습니다. 약 400여 장 되는 PPT 내용을 요약하면서 특정 주제에 대해서는 저의 의

도나 생각이 다소 과하게 드러나 있을 수도 있습니다만, 그래도 최대한 중립적 시각에서 쓰려고 노력했습니다.

모쪼록 이 책이 부동산 시장에 첫발을 내딛는 사람들에게 많은 도움이 되길 바랍니다. 책이 나올 수 있게 항상 배려해주는 편집자와 디자이너 그리고 유튜브 〈채상욱TV〉에 아낌없이 응원을 보내주는 많은 분과 저의 가족에게 감사한 마음을 전합니다.

PART
5

재건축과 재개발,
알고 투자해야 성공한다

PART
6

세금을 알면
투자 전략이 보인다

부동산
공부 첫걸음

집의 종류가
이렇게나 다양하다고요?

집, 즉 주택이란 무엇일까요? 주택법에서 내린 정의를 살펴보면, 주택이란 세대의 구성원이 장기간 독립된 주거생활을 할 수 있는 구조로 된 건축물의 전부 또는 일부 그리고 그 부속토지를 말합니다. 주택이 건축물과 부속토지로 이뤄졌다는 부분이 중요한데요, 결국 토지와 건축물로 구성되고 장기간 독립된 주거생활을 할 수 있는 구조로 된 공간을 주택이라고 합니다.

장기간 독립된 주거생활을 할 수 있는 곳을 우리는 '거처'라고도 부릅니다. 마음만 먹으면 산속에서도 생활할 수 있고, 차고에서도 살 수 있으니 장기간 독립된 주거생활을 할 수 있는 거처의 종류에는 차고도 해당할 수 있습니다. 다만, 우리나라에서 차고는 주택이 아닙니다.

그럼, 혹시 이동식 트레일러 주택과 같은 모빌 홈mobile home은 어떨까요? 모빌 홈은 침대도 있고 욕실도 있어서 사람이 장기간 주거생활을 할 수 있는 구조이지만 토지를 포함하고 있지 않아서 이 또한 주택으로 포함하지 않습니다. 그런데 나라마다 주거나 거처에 대한 기준이 달라서 미국에서는 모빌 홈을 주택으로 봅니다.

이처럼 거처에 대한 기준을 어떻게 잡느냐에 따라 주택의 종류가 달라지는데요. 우리나라에서도 나중에는 이러한 트레일러형 주택이나 다양한 형태의 공간이 주택으로 포함될 수도 있을 겁니다.

2021년 대한민국을 기준으로 생각하자면 한국에서의 주택은 토지와 건축물로 구성되어야 합니다. 단독주택은 대지가 있다는 것을 당연히 알지만, 아파트에도 토지가 있을까요? 당연히 아파트도 주택이므로 토지가 존재합니다. '대지지분'*이 바로 토지입니다. 아파트는 수십~수백 가구 이상이 공동으로 거주하는 공간입니다. 토지의 주소지인 지번은 1개이며 매우 넓은 대지면적을 차지하고 있습니다. 가령 전체 대지면적이 15만 제곱미터이고, 전용면적 85제곱미터 아파트의 대지면적이 30제곱미터이면, 이 사람은 전체 대지면적의 5,000분의 1만큼 보유하고 있다는 의미입니다. 흔히들 대지지분이 높은 주택이 좋다

> ◆ 대지지분
>
> 아파트 전체 단지의 대지면적을 가구 수로 나눠 등기부에 표시되는 면적.

거나 혹은 가치가 크다고 말합니다. 대지지분이 높다는 것은 결국 도시의 토지를 더 많이 소유했다는 것을 의미하기 때문입니다.

등기부등본상의 대지지분

표시번호	접 수	소재지번,건물명칭 및 번호	건 물 내 역	등기원인 및 기타사항
			1층 658.97m² 2층 658.97m² 3층 658.97m² 4층 658.97m² 5층 658.97m² … 중략 … 30층 658.97m²	
(대지권의 목적인 토지의 표시)				
표시번호	소 재 지 번	지 목	면 적	등기원인 및 기타사항
1	1. xx시 xx동 xx번지	대	110303.2m²	
(대지권의 표시)				
표시번호	대지권종류		대지권비율	등기원인 및 기타사항
1	1 소유권대지권		110303.2분의 64.2704	

주택의 종류를 구분하는 것도 매우 중요한 접근법입니다. 주택은 어떻게 구분할 수 있을까요? 먼저 큰 범주에서 주택은 단독주택과 공동주택으로 나눕니다.

이 중 우리나라에서 가장 많은 주택 유형은 공동주택입니다. 공동주택은 아파트나 연립주택, 다세대주택 등을 의미합니다. 종종 아파트와 연립주택을 혼동하기도 하는데요. 기본적으로 아파트와 연립주택은 층수 차이가 가장 큽니다. 5층 이상이면 아파트, 4층 이하이면 연립주택으로 봅니다.

다세대주택과 연립주택은 어떻게 구분할까요? 이 두 주택 유형은 사실 쉽게 구분하기가 힘듭니다. 연립주택과 다세대주택은 층수가 4층 이하로 같습니다. 그렇다면 이 둘을 나누는 기준은 무엇일까요? 1개 동의 바닥면적 합계가 660제곱미터를 초과하느냐 아니냐로 나뉩니다. 초과하면 연립주택, 그렇지 않으면 다세대주택으로 봅니다. 그래서 얼핏 보면 연립주택이나 다세대주택이나 비슷비슷하다고 해도 무방합니다.

위에서 말한 형태의 주택들이 공동주택입니다. 공동주택은 세대별로 구분해서 등기할 수 있습니다. 아파트라면 1101동 1201호라는 주소지의 주택을 구분해서 매수하고 거래할 수 있듯이 다른 공동주택도 개별 등기가 가능하다는 의미입니다.

단독주택은 어떨까요? 단독주택도 2가지 주택 유형으로 구분됩니다. 단독주택은 순수 단독주택과 다가구 빌라 등으로 나누어서 볼 수 있습니다. 먼저 순수 단독주택이란 고급주택(빌라)처럼 하나의 큰 주택을 의미하죠. 영화 〈기생충〉에 나오는 저택을 떠올리면 이해하기 쉬운데, 그런 주택들은 매우 크지만 1채의 주택입니다.

그럼 대체 다가구주택이라는 것은 무엇일까요? 이는 주택으로 쓰이는 층수가 3개 층 이하로, 19세대 이하가 거주하는 주택을 말합니다. 연립주택이나 다세대주택과 비슷하게 들리지만, 일단 주택 층수가 3개 층 이하이면서 19세대 이하가 사는 주택은 대개 지하에서 지상 3층 정도 되는 1개의 건물에 원룸과 투룸이 있는 빌라 건물입니다. 다가구주택의 주된 특징은 한 호만 따로 거래할 수 없다는 것입니다. 이는 공동주택과 가장 큰 차이점인데요, 아파트나 연립주택, 다세대주택의 경우 101호 한 호가 개별 주택이어서 사고팔 수 있고 등기할 수 있습니다. 그러나 단독주택인 다가구주택은 19가구가 거주하고 있더라도 건물 전체를 통으로 거래합니다. 임차인이 전입신고를 하고 확정일자를 받는 것은 가능하지만, 매수할 수는 없습니다.

오피스텔은 어떨까요? 오피스텔은 '준주택'으로 불립니다. 즉, 완전한 주택은 아니라는 의미입니다. 다만 법규상으로는 주택이 아니지만, 실질적으로는 오피스텔에 수십만 가구의 사람들이 살고 있어서 이미 주택의 기능을 담당하고 있습니다. 오피스텔도 점차 아파트의 외형이나 평면 디자인을 차용하기 시작하면서 아마 수년 후에는 오피스텔과 아파트를 구분하기 어려운 시점이 올 수도 있습니다. 그래서 오피스텔은 법규상은 아니지만 실질에 기반해서 전입신고가 되어 있거나 소유주가 임차를 주고 전세나 월세를 받는 상태라면 주택으로 인정해서 관련 세법에서 이를 처리하고 있습니다.

즉, 오피스텔은 주택일 수도 있고 아닐 수도 있다는 겁니다. 어떤 상황이나 제도, 법령에서는 오피스텔을 주택으로 보지만, 다른 상황이나 제도, 법령에서는 주택이 아닌 것으로 본다는 의미입니다. 다만 실질적으로는 오피스텔을 점차 주택으로 보는 경우가 점점 많아지고 있고, 오피스텔을 주택이라고 생각하는 것이 나중에 다른 문제가 생기지 않을 가능성이 크므로, 명확하게 오피스텔을 사무실로 쓰는 용도가 아니라면 주택으로 보는 것이 편합니다.

오피스텔을 주택이 아니라고 보는 가장 대표적 경우가 바로 청약 제도입니다. 오피스텔은 청약에서만큼은 몇 호를 보유하더라도 주택으로 쳐주지 않습니다. 이는 청약이 화두인 요즘 굉장한 장점 중 하나입니다. 오피스텔을 매수해서 전입하고 살더라도, 청약 시에는 무주택자로 간주되기 때문입니다.

그런데 반대로 거주 중인 다른 주택이 있는 가구가 추가로 오피스텔을 투자하기 위해 매입하고 임차를 줄 때는 오피스텔이 주택이 됩니다. 즉 청약에서는 주택이 아니지만, 부동산 관련 세법에서는 오피스텔을 주택으로 간주하는 것입니다. 이처럼 어떤 환경이냐에 따라서 어떤 건물이 주택일 수도 있고 아닐 수도 있다는 것이 지금 당장은 매우 불편하고 비합리적으로 보일지 몰라도 자세히 공부해 둬야 하는 내용 중 하나입니다.

주상복합은 주택일까요? 주상복합도 주거와 상가가 혼합된 건축물이므로 주거 부분은 주택입니다.

기숙사는요? 기숙사나 다중생활시설과 같은 건물들은 주택이 아니라 '준주택'입니다. 기숙사에 거주한다고 주택이 있는 것은 아니라는 거죠.

도시형생활주택이라는 것은 주택일까요? '고래상어'라는 동물은 고래일까요, 상어일까요? 고래가 아니라 상어이지요. 이처럼 도시형생활주택도 주택입니다. 다만, 청약에서는 20제곱미터 미만 면적의 도시형생활주택을 1채만 보유하고 있다면 무주택자로 인정해줍니다. 이런 소형 도시형생활주택을 2채 이상 보유하고 있다면 그때는 다시 다주택자가 됩니다. 그러니 투자나 혹은 다른 목적으로 도시형생활주택을 보유하고자 한다면 개념을 정확히 알고 접근해야 합니다.

요즘 등장하는 아파텔은 뭘까요? 불과 1~2년 전부터 아파텔이라는 개념이 등장하기 시작했는데요. 겉으로 보기에는 주상복합이나 신식 아파트 건물과 거의 흡사하게 생겼는데, 이런 건축물들은 오피스텔입니다. 오피스텔도 사실은 오피스와 호텔이 결합해서 생긴 개념인데, 이제는 오피스텔과 아파트가 결합해서 아파텔이 생겨났습니다.

아파텔이 오피스텔이라는 것은 무슨 의미일까요? 오피스텔의 사례처럼 준주택이라는 의미입니다. 준공되고 실제 전입신고를 통해 거주하거나, 혹은 제삼자에게 임차를 주는 등 실질적으로 주택으로 사용한다면 주택이 되는 것이고, 아니라면 주택이 아니라는 의미입니다. 그러니 아파텔은 분양 당시에는 다주택자 취득 중과세율 적용을 받지 않아서(이런 단어들이 복잡해 보이겠지만 나중에 자세히 다루겠습니다) 분양시장에서 인기를 끌기도 했습니다.

'주택'에는 이처럼 다양한 종류와 정의가 있습니다. 앞서 주택이란 결국 거처 기능을 제공하는 건축물이라고 했는데, 우리나라는 거처라는 기능에 주목하기보다는 어떤 법률을 적용받는 건축물인가를 기준으로 삼기 때문에 주택과 비주택을 구분하기가 어렵습니다. 그러나 어렵다고 공부를 게을리해선 안 되겠죠. 앞으로도 다양한 형태의 건축물, 특히 복합적 성격을 띠는 건축물이 나올 것입니다. 그럴 때마다 '저 건물은 주택일까, 아닐까'를 생각해보면 어떨까요? 주택인지 아닌지 확인하는 것부터가 내 집 마련의 시작입니다.

우리나라에
집은 몇 채나 있을까요?

남산에 올라가면 서울 시가지가 내려다보입니다. 많고 많은 집이 한눈에 들어오는데요. 저 많은 집 중에 내 집 하나 가질 수 있을까요? 아마 대한민국을 살아가는 2030세대라면 누구나 한 번쯤 해보았을 법한 고민일 것입니다.

수도권이나 광역시를 돌아다니다 보면, 아파트가 매우 촘촘히 들어선 것을 알 수 있습니다. 2021년 기준 정부가 발표한 주택공급 계획에 나온 주택 수를 모두 더하면 무려 210만 호나 됩니다. 이처럼 신도시에 몇만 호, 몇십만 호를 짓겠다는 공급계획 등을 듣다 보면 어마어마한 규모로 공급되는구나 싶지만, 그렇게 공급하는데도 막상 내 집 마련하기는 매우 어려운 일입니다. 특히나 지방 출신으로 서울 등 수도권이나 지방 대도시로 나와서 직장생활을 시작하는

2030세대에게 대도시의 집이란 언감생심으로 다가옵니다.

과연 우리나라에 주택은 몇 호나 있을까요? 앞서 주택의 기준이 매우 다양하다는 것을 알았으니, 주택의 수를 셀 때도 몇 가지 기준에 따라 달라질 수 있다는 사실부터 시작해야 할 것 같습니다. 우리나라에서 주택의 수를 계산할 때 문제가 되는 부분은 단독주택입니다. 단독주택 중에 '다가구주택'이 존재하기 때문입니다. 여기서 문제는 다가구주택을 '가구 수'를 기준으로 계산하느냐, '주택 수'를 기준으로 계산하느냐에 따라 전체 주택 수가 달라진다는 점입니다.

가구 수를 기준으로 주택 수를 계산한다는 것은 무슨 의미일까요? 주로 월세를 받는 다가구주택인 3층짜리 빌라 건물을 생각해보겠습니다. 3층은 소유주가 살고 지하 1층에서 지상 2층의 3개 층은 약 19개의 가구에 월세를 주는 경우입니다. 소위 '빌라 사업자'라고 부르는데, 4층 이하 건축물을 지어서 19가구 이하 세대에게 월세를 받는 업을 하는 분들이 있습니다. 이처럼 19개 가구가 들어간 빌라를 주택 1채로 볼 것인지, 아니면 19채로 볼 것인지에 대해서 논란이 있습니다.

아예 주택 수를 발표할 때 이런 다가구주택의 각각 가구 수를 모두 주택으로 보고 발표하는 것이 '다가구 구분 거처 반영'한 주택 수입니다. 주택법에 근거해서 이를 1채로 보는 것은 '다가구 구분 거처 미반영'한 주택 수입니다.

그래서 한국의 주택 수는 항상 2종류로 발표가 됩니다. 또 이 주택 수에서 오피스텔은 빠집니다.

어쩌면 주택을 '실질'이 아니라 '법규'에 기반해서 해석하려는 이러한 경향 때문에 실제 우리 삶에 영향을 미치는 주택정책이 제대로 나오기 어려운 것인지도 모릅니다. 주택정책을 펼칠 때 오피스텔을 포함해서 실질적으로 주택의 기능을 제공하는 거처들이 빠져버리기 때문이죠.

이런 오류가 주택 수를 정확히 파악하고 수요조사를 하는 데 문제를 불러옵니다. 예를 들어 그 나라의 주택이 적정하게 공급되었는지를 파악하려고 할 때 다양한 문제점이 발생합니다. 우리나라는 주택 보급 수준을 파악하기 위해서 주택보급률과 인구 천 명당 주택 수라는 2가지 기준을 같이 쓰는데, 하나씩 살펴보겠습니다.

주택보급률 기준으로 살펴볼 때

먼저, 주택 공급의 지표인 주택보급률을 알아봅시다. 주택보급률이 100%를 넘었다는 말을 들어본 적 있나요? 100%를 넘어섰다는 말을 들으면 '부족하진 않겠다' 하는 생각이 먼저 듭니다. 주택공급 계획을 총괄하는 국토부에서도, 보도자료를 낼 때 주택보급률 등을 인용하면서 주택 공급 지표를 설명하곤 합니다.

주택보급률을 구하는 공식은 다음과 같은 간단한 식으로 구해집니다.

주택 수 ÷ 일반가구* 수

예를 들어, 주택 수가 100이고, 일반가구 수도 100이라면 보급률은 100%가 됩니다.

그런데 보급률에 대해서 세부적으로 살펴보면, 좀 흥미로운 부분이 있습니다. 먼저 분자인 '주택 수'에 대한 부분입니다. 앞서 살펴봤듯이 주택의 종류는 주택과 비주택으로 나뉩

◆ 일반가구

1명 또는 2명 이상이 모여서 생활을 같이하는 단위인 가구 중에서 외국인 가구와 집단가구를 제외한 가구.

니다. 그리고 공동주택과 단독주택으로도 나뉩니다. 이 중 단독주택은 '다가구' 단독주택과 '순수 단독주택'으로 다시 나눠집니다. 덕분에 흔히들 얘기하는 3층 다가구 빌라의 경우, 총 가구 수는 14가구인데, 주택 수로는 이것을 1채의 주택으로 봅니다. 다만 14가구가 거주할 수 있는 주택이다 보니 '다가구 구분 거처 반영'이라는 기준을 적용하면 14채의 주택이 되죠. 즉 다가구 빌라는 건축적 정의로는 1채의 주택이지만, 가구의 정의로는 14채의 주택이 됩니다.

그래서 보급률도 2종류로 계산이 됩니다. 첫째는 다가구 구분 거처를 반영한 주택보급률, 다른 하나는 미반영한 주택보급률입니다.

이 2가지 보급률 지표를 현실 생활에 적용한다면 어떤 보급률이 보다 더 설득력이 있을까요? 다가구 구분 거처 반영한 주택보급률이 더 설득력이 높겠죠. 왜냐면 실제 가구가 주택의 수요 단위이므로 가구 단위로 구분해서 보여주는 것이 맞기 때문입니다.

오른쪽 표는 통계청이 제공하는 주택보급률입니다. 먼저 전국의 경우 가구 수는 2019년 기준 2,034만 가구이고, 주택은 2,131만 호가 있습니다. 이때의 주택 수는 '다가구 구분 거처 반영'한 주택 수입니다. 이 기준으로 전국 주택보급률은 104.8%입니다. 같은 방식으로 서울은 96%, 부산은 104.5%, 인천은 100.2%, 대구는 103.3%, 대전은 101.4%, 울산은 111.5%입니다.

같은 해의 '다가구 구분 거처 미반영' 주택 수는 1,812만 호인데요, 이 기준으로 보급률을 계산하면 86.8%가 됩니다. 이상의 결과에서 알 수 있듯이 앞으로 다가구 구분 거처 미반영이라는 기준은 사라져야 하지 않을까 생각합니다.

한 가지 이상한 점이 있습니다. 서울의 경우, 가구 수는 389.6만 가구이고, 주택 수는 373.9만 호입니다. 구분 거처를 반영해도 주택보급률이 96%입니다. 그렇다면 4%에 해당하는 10만 가구 이상의 사람들은 노숙 가구거나 혹은 공중부양을 해서 살아가는 가구일까요? 물론 아닙니다.

전국 주택보급률

단위: 천 호, 천 가구, %

		2015	2016	2017	2018	2019
전국	가구 수	19,111	19,368	19,674	19,979	20,343
	주택 수	19,559	19,877	20,313	20,818	21,310
	주택보급률	102.3	102.6	103.3	104.2	104.8
서울	가구 수	3,785	3,785	3,813	3,840	3,896
	주택 수	3,633	3,644	3,672	3,682	3,739
	주택보급률	96.0	96.3	96.3	95.9	96.0
부산	가구 수	1,336	1,344	1,354	1,364	1,377
	주택 수	1,370	1,376	1,396	1,413	1,439
	주택보급률	102.6	102.3	103.1	103.6	104.5
대구	가구 수	929	936	948	958	969
	주택 수	943	966	988	996	1,001
	주택보급률	101.6	103.3	104.3	104.0	103.3
인천	가구 수	1,045	1,063	1,080	1,095	1,121
	주택 수	1,055	1,073	1,084	1,108	1,123
	주택보급률	101.0	100.9	100.4	101.2	100.2
광주	가구 수	567	569	576	579	587
	주택 수	587	595	606	617	628
	주택보급률	103.5	104.5	105.3	106.6	107.0
대전	가구 수	583	591	598	602	609
	주택 수	595	601	605	612	618
	주택보급률	102.2	101.7	101.2	101.6	101.4
울산	가구 수	423	426	429	431	437
	주택 수	453	457	468	476	487
	주택보급률	106.9	107.3	109.3	110.3	111.5
세종	가구 수	75	90	104	119	130
	주택 수	93	98	116	131	145
	주택보급률	123.1	108.4	111.5	110.0	111.4
경기	가구 수	4,385	4,484	4,603	4,752	4,908
	주택 수	4,329	4,444	4,580	4,798	4,979
	주택보급률	98.7	99.1	99.5	101.0	101.5
강원	가구 수	606	616	621	629	634
	주택 수	647	656	669	689	715
	주택보급률	106.7	106.4	107.7	109.6	112.8
충북	가구 수	602	618	629	641	655
	주택 수	669	684	701	730	749
	주택보급률	111.2	110.7	111.4	113.8	114.5
충남	가구 수	796	814	835	851	864
	주택 수	863	889	923	960	979
	주택보급률	108.3	109.2	110.5	112.7	113.3
전북	가구 수	717	725	729	733	738
	주택 수	771	778	785	802	816
	주택보급률	107.5	107.3	107.7	109.4	110.5
전남	가구 수	721	727	734	737	741
	주택 수	796	805	816	830	842
	주택보급률	110.4	110.7	111.3	112.5	113.6
경북	가구 수	1,063	1,077	1,088	1,095	1,103
	주택 수	1,196	1,217	1,247	1,271	1,293
	주택보급률	112.5	113.0	114.7	116.1	117.3
경남	가구 수	1,259	1,274	1,293	1,306	1,321
	주택 수	1,339	1,358	1,404	1,439	1,481
	주택보급률	106.4	106.7	108.6	110.1	112.1
제주	가구 수	220	229	240	249	254
	주택 수	222	236	253	266	277
	주택보급률	100.7	103.1	105.2	107.0	109.2

출처: 국토교통부

주석: 기존 주택보급률 보완을 위하여 2008년부터 신주택보급률(주택 수에 다가구 구분 거처 반영, 가구 수에 1인 가구 포함)로 변경. 2015년부터 행정자료(주민등록부, 건축물 대장 등)를 활용한 등록센서스 방식 적용

여기서 주택보급률의 문제점이 드러납니다. 주택보급률의 계산식을 다시 보면, 분자인 주택 수와 분모인 가구 수가 있는데, 여기서 오피스텔 등을 포함한 비주택 건축물은 '거처'에서 빠져 있어서 나온 결과입니다. 즉 주택 이외의 다른 거처에 사람들이 거주하는 게 현실이지만, 주택 이외의 거처는 주택에서 빠진 채 주택 공급 수준을 파악하는 것이죠. 이 주택 이외의 거처 중에서 가장 대표적인 것이 바로 '오피스텔'입니다.

전국에 주택 외 거처는 총 89.6만 호로, 약 90만 호 정도 됩니다. 서울에도 22만 호 이상이 존재합니다. 앞서 서울시의 경우 가구 수 389만, 주택 수 373만 호인데, 비주거용 거처로 22만 호를 더하면 거처의 수는 395만 호이고, 가구의 수는 389만 호가 되면서 공급 수준은 101.7%가 됩니다. 즉, 100%가 약간 넘습니다. 서울 역시 주택보급률 101% 수준이 된다는 의미이며, 법률상 주택만을 포함한 주택보급률처럼 문제가 발생하지 않습니다. 저 수치가 현실적입니다.

이런 방식으로 주택의 기준을 현실적으로 적용해서 새로 계산하면 우리나라의 전국 주택보급률은 주택만 놓고 산정할 때는 104.8%가 되며, 오피스텔 등을 포함한 실질 거처까지 포함하면 106.3%가 됩니다. 꽤 수치가 올라갑니다.

인구 천 명당 주택 수 기준으로 살펴볼 때

국제적으로는 주택보급률이라는 지표를 사용하지 않습니다. 그 대신 '인구 천 명당 주택 수'라는 기준을 사용합니다. 인구 천 명당 주택 수의 계산식은 분자로 주택 수를, 분모로 인구수를 적용하며 여기에 천 명을 곱해서 도출합니다.

인구 천 명당 주택 수 = (주택 수/총 인구수) x 1,000

OECD가 발표하는 주택 공급 지표인 인구 천 명당 주택 수를 통해서 주요 국가의 주택 공급 수준을 파악하면, 영국의 경우 2018년 말 기준 433호입니다. 미국 421호, 캐나다 427호, 독일 508호, 일본 494호 수준입니다. 한국은 383호인데, 우리의 주택 공급 수준이 매우 낮은 편이라는 것을 알 수 있습니다. 그리고 여기서 383호는 다가구 구분 거처를 반영한 주택 수를 적용해서 인구 천 명당 주택 수를 계산해 나온 수치입니다.

주요 선진국 중에는 인구 천 명당 주택 수가 500호 수준에 육박하거나, 이를 넘어서는 나라들(스페인 551호, 포르투갈 577호 등)도 있습니다. 일본도 494호나 됩니다. 그런데 이런 국가들의 경우 주택 공실률이 매우 높게 나옵니다. 일본은 공실률이 13.6%이며, 스페인은 13.4%, 포르투갈은 12.5%죠. 영국은 인구 천 명당 주택 수가 433호

인구 천 명당 주택 수

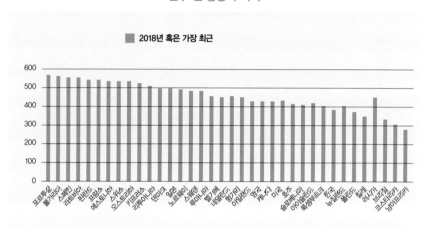

■ 2018년 혹은 가장 최근

인데, 공실률이 0.89%입니다. 흥미로운 점은 미국이 인구 천 명당 주택 수가 421호이면서 공실률은 11.5%나 되어 상당히 높다는 것입니다. 숫자 그대로 해석한다면 미국은 다른 나라 대비 절대적 주택 공급물량이 많지는 않은데, 공실이 많다는 특징을 보이는 매우 독특한 나라입니다.

한국의 인구 천 명당 주택 수 383호는 현재 계획대로라면 2025년을 전후로 417~433호 사이에 안착할 것 같습니다. 그렇게 된다면 주요 국가들과 주택 공급 수준이 비슷해집니다. 그리고 이 시기를 전후로 총인구수 감소가 지금보다 가속화될 전망입니다. 그렇다면 분모인 인구수의 감소 효과로 인해서, 인구 천 명당 주택 수는 분모 감소 효과로 더 높아지는 상대적 효과까지도 발생할 가능성이 커집니다.

부동산 시장에는 주택 공급이 부족하다는 의견이 넘쳐납니다. 주택가격의 상승이 공급 부족 때문이라는 인식이 매우 보편적으로 퍼져 있습니다. 주택 공급의 정도나 지표 등을 바탕으로 2021년 현재 기준으로 보면 주택 공급이 부족하다는 의견이 근거가 있지만, 4~5년이 지난 후에는 상황이 달라집니다. 그때는 향후 이루어질 많은 주택 공급으로 인해서 공급 부족에서 벗어날 가능성이 크기 때문입니다. 물론 주택 공급이 계획대로 진행되는지를 확인해봐야겠죠. 그만큼 공급은 중요한 문제입니다.

주택을 사거나 판다는 것은 한 가구의 인생에서 가장 큰 선택 중 하나일 수 있습니다. 이런 중차대한 결정을 내릴 때는 꼭 숫자와 데이터에 기반해서 판단하기를 바랍니다.

아파트는
언제부터 지어졌나요?

　제2차 세계대전이 끝나면서 대량으로 주택을 공급해야 할 때, 속
도감 있게 건설하기 위해서 지은 주택이 바로 아파트입니다. 도입된
기원을 떠올려보면 우리나라에서 아파트가 갖는 위상이 아이러니
하게 느껴집니다. 여러 층에 많은 세대가 밀집해서 사는 공동주택은
외국에서는 고급주택을 의미하지 않습니다. 고급주택이란 일반적
으로 큰 단독주택을 말하지요. 그러나 우리나라에서만큼은 최소한
아파트가 매우 고급주택을 의미하고 있으니, 기원이야 어찌 됐든 그
의미가 새롭게 받아들여진 사례이지요.

　우리나라에서 아파트가 갖는 지위는 매우 독특합니다. 고급주택
의 대명사로 자리 잡은 지 오래되었습니다. 특히 서울 반포나 압구
정의 주택가격이 3.3제곱미터(평형)당 1억 원을 넘어섰다는 가십성

뉴스가 헤드라인으로 잡힐 정도입니다. 그만큼 아파트는 한국에서 세대를 거칠수록 고급주택의 지위를 확보하고 있으며, 점점 더 고급화되어가는 것도 사실입니다.

아파트와 같은 공동주택을 발전시킨 것은 유럽입니다. 한 채씩 지을 수 있던 단독주택에 비해서, 하나의 건물에 여러 개의 층을 쌓아 올리면서 만들 수 있는 적층 개념을 도입하여 주택을 건설하는 것이 하나의 혁신이자 단기간에 주택을 많이 공급하는 방법이었습니다.

현대 건축학계의 거장인 르 코르뷔지에Le Corbusier가 도미노domino 하우징 개념을 도입한 것도 이 시기였습니다. 그는 철근콘크리트로 여러 층을 쌓아 올려서 현재의 주상복합과 유사한 기둥식 주택건물의 표준을 제시했습니다. 르 코르뷔지에는 이후 도미노 하우징뿐만 아니라 빛의 도시city of radient라는 용어를 탄생시키기도 했습니다. 빛의 도시란 초고속으로 자동차들이 지나가는 직교형 교차로가 있고, 그 도로 사이사이를 초고층 건축물로 채워서 인구 300만 명 이상을 수용하는 현대 도시의 기본 개념입니다. 한마디로 요즘 도시의 모습을 말하죠.

우리나라에 현대식 아파트 단지가 세워진 것은 1962년 마포구에 들어선 마포아파트입니다. 이 아파트는 사진에서 볼 수 있듯이 주변 환경과 매우 이질적이었습니다. 건축에서는 주변 환경과의 조화를 중시하는 '콘텍스트context(맥락)'라는 개념이 있습니다. 예를 들어 성수동의 사례처럼 주변이 모두 붉은 벽돌로 이뤄진 주택가라면 거기에 지어지는 새로운 건물도 붉은색을 쓴다든가 하는 것입니다. 그런데 마포아파트는 주변 환경과 매우 이질적이어서 완전히 구분되었습니다. 콘텍스트가 전혀 없어서 마포아파트만 웅장한 성 같은 느낌이었습니다. 이때부터 등장한 '성castle' 개념이 현재 '단지'라는 용어로 불리고 있으며, 한국의 아파트와 외국의 아파트를 가르는 점 중하나가 아닌가 싶습니다.

1990년대를 거치면서 아파트는 본연의 기능에 충실할 수 있었습니다. 1980년대 주택 부족 현상을 심각하게 경험하면서, 단기간에

마포아파트는 이후 재건축
되어서 현재는 마포삼성래
미안아파트가 되었습니다.

많은 수의 주택을 공급할 수 있는 수단으로 아파트 건설이 대두된 것입니다. 1980년대 한국 경제가 빠르게 성장하고 경제 구조가 변화하기 시작하면서, 소득 상승과 함께 주거 수요가 급상승했습니다. 이런 변화에 발맞춰 주택을 공급하기 위해서는 수직으로 주택을 적층해서 좁은 토지면적에도 많은 수의 주택을 공급할 수 있는 아파트가 필요했습니다. 제2차 세계대전 이후 유럽과 비슷한 상황 속에서 아파트가 대거 건설되기 시작한 것이지요. 이 시기 이후로 우리나라 주거 유형 1위는 아파트가 됐습니다.

이후 아파트는 중산층의 상징이 됐고, 고가 아파트는 부의 상징으로 자리매김했습니다. 지금도 주택 공급이 필요한 지역에서는 아파트를 건설해 해결하고 있지요. 그렇게 아파트를 유난히 많이 건설해 온 우리나라는 2018년 말 기준 전국에 아파트가 1,082만 호 들어섰으며, 전국의 총 주택 2,082만 호의 절반이 넘는 비중을 차지합니다. 서울은 그나마 총 주택의 45.6퍼센트가 아파트지만, 경기도는 총 주택 60퍼센트가 아파트일 만큼 비중이 더 높습니다. 앞으로 지어질 3기 신도시까지 고려하면 아파트 비중은 더욱 늘어나 60퍼센트를 넘어설 수밖에 없으며 점점 더 커질 것으로 보입니다. 즉, 아파트는 한국 주택 시장의 주인공이면서 앞으로도 주인공이 될 수밖에 없는 운명인 거죠.

한국의 아파트 사랑이 남다른 것은 주거 기능으로서 거처뿐만 아니라, 자산 시장의 일부로 거래가 활발하고 안정적 수익을 제공하는 투자 대상으로도 인식되기 때문입니다. 한국의 아파트는 다른 어느 나라도 달성하지 못한, 거래 대상 주택으로서의 표준화를 이미 확보해버렸습니다.

예를 들어 모든 집이 방이나 화장실의 개수, 거실과 주방이나 토지면적이 제각각인 경우를 생각해볼까요. 이런 경우 같은 지역이라도 면적부터 시작해서 평면구조 등이 다 달라서 가격을 매기기가 쉽지 않습니다. 미국의 '직방'이라 할 수 있는 부동산 1위 플랫폼 기업인 질로우*가 주택을 거래할 때 불편함을 겪는 미국인을 위해 개략적 평가액을 제공해주는 제스티메이트Z-estimate 서비스를 시작한 것도 표준화가 되어 있지 않기 때문이었습니다.

그런데 우리는 이와 완전히 다른데요. 우리 아파트는 매우 표준화가 되어서 거래하기가 쉽습니다. 당장 부동산에서 가장 중요하다고 할 만한 면적이 거의 동일합니다. 전용면적 59제곱미터냐 85제곱미터냐 등의 차이는 있을지언정 같은 단지 내에서 같은

◆ 미국 프롭테크 1위 질로우
(Zillow)

프롭테크는 부동산(property)에 기술(technology)을 합친 말이다. 인터넷이나 앱으로 부동산 매물 정보만 제공하는 것이 아니라 집값을 자동으로 산정해 매매를 알선하고 그 외 임대, 대출, 에스크로(안심결제)까지 부동산과 관련된 온갖 문제를 온라인에서 원스톱one-stop으로 해결해준다. 중개사무소를 통할 때 생기는 시간과 비용 손실을 줄이고, 좀 더 투명하게 부동산을 거래할 수 있다.

평형대라면 전용면적이 완전히 동일합니다. 단지가 달라져도 전용면적 85제곱미터 미만의 국민주택 규모°가 일반적인 만큼, 일단 면적 측면에서 완전한 표준화가 이뤄진 셈입니다. 평면 디자인도 매우 표준화되어 있는데요, 사실상 A, B, C, D타입 안에 대부분 들어

◆ 국민주택 규모
국민주택은 국민주택기금에서 자금을 지원받아 건설하거나 개량한 주택으로, 전용면적이 85제곱미터 이하인 주택을 말한다.

갑니다. 심하면 타입이 이보다 더 적을 수도 있습니다. 그래서 집을 직접 보지 않고도 살 수 있을 만큼 우리나라 아파트의 매매 거래는 매우 손쉽게 되어 있습니다. 정보탐색의 기회비용이 거의 들지 않는다고 표현할 수 있지요. 그러다 보니 이미 아파트는 거래 편의성이 높은 자산으로서의 성격을 확보할 수 있었고, 이 말은 곧 유동성을 갖는 다른 자산들, 예를 들어 주식이나 채권 등과 유사하게 시장성을 가졌다는 것을 뜻합니다.

 그 결과, 자산 시장에서도 아파트가 차지하는 비중은 어마어마합니다. 전국 주택의 시가총액은 5,500조 원이 넘습니다. 이 중 아파트만 4,000조 원이 넘습니다. 한국 주식 시장 전체의 시가총액이 2,500조 원이 되지 않는다는 점을 생각하면, 아파트가 가진 규모를 충분히 상상할 수 있을 겁니다. 한국에 있는 모든 상장기업의 기업 가치를 더한 것보다 아파트의 가치가 더 크다는 말이니까요.

일례로 송파구의 헬리오시티 단지가 약 9,500세대이고, 평균 16억 원 이상의 시장가격을 형성하고 있습니다(2021년 상반기 기준). 이 한 단지의 시가총액만 약 16조 원 수준입니다. 이 정도 시가총액이면 삼성SDS나 아모레퍼시픽 등의 기업가치보다 더 큰 규모입니다. 이처럼 거대한 시장을 형성하는 우리나라 아파트 시장은 현대식 아파트가 도입된 후 50년 동안 꾸준히 공고해진 결과물입니다.

아파트는 주택 그 자체의 기능적 측면에서도 다른 주거 형태 대비 유리한 점이 매우 많습니다. 거처로서 아파트의 강력함을 먼저 살펴보면, 현재 아파트와 비교할 만한 주택의 유형들이 사실상 별로 없습니다. 연립주택은 4층 이하인데, 4층 이하 건축물은 엘리베이터 문제가 있습니다. 반면 아파트 고층에 살면 전망이 좋다는 장점이 있습니다. 무엇보다 아파트는 대단지로 갈수록 주변 상권보다 더 저렴한 가격에 근린생활시설을 이용할 수 있습니다. 공동주택 커뮤니티의 장점은 공동으로 구매하는 효과로 인해서 근린 서비스를 저렴하게 사용할 수 있다는 것입니다. 생활비가 더 저렴해지는 효과가 있습니다.

♦ 벽식 구조

기둥, 들보 등 골조를 넣지 않고 벽이나 마루로 구성한 건물 구조.

물론 아파트의 단점도 존재합니다. 가장 대표적인 것이 벽식 구조®에서 오는 층간소음과 낮은 층고 등 건축물의 구조와 관련된 문제입니다. 벽이 수직 하중을 받기 때문에, 아파트는 주거용으로만 사용되며, 내부 평면을 바꾸는 것은 사실상 거의 불가능합니다. 일반적인 기둥을 통해서 하중을 부담하는 다른 건축물들과 구조적으로 다른 부분인데요, 평면을 고정화하면 용도가 확정되며, 이는 건축물의 수명이나 변화에 매우 치명적입니다.

예를 들어 20년이 지나서, 국내 주거 수요가 매우 감소했을 때, 아파트는 아파트 말고 다른 용도로 사용하기가 매우 어렵습니다. 층고도 낮고 벽식 구조라 내부를 개방공간으로 쓰기도 어렵다 보니 말 그대로 기능적인 측면에서 보자면 사망 선고가 내려질 수도 있는 거죠. 기둥식으로 되어 있는 다른 건축물은 다양한 기능으로 재활용할 수 있어서 이런 공간을 '유니버설 스페이스universal space'라고 부릅니다.

이러니 저러니 해도 결국 아파트는 우리나라 주택 시장에서 주류로 자리 잡은 지 오래이며, 미래에도 주류가 될 운명입니다. 왜냐면 주택의 과반수가 이미 아파트이기 때문입니다. 내 집을 마련할 때 가장 눈길이 많이 가는 주택 유형 또한 아파트이니까요.

그러나 주택을 구매할 때는 유형별로 어떤 장단점이 있는지 알아본 후 자신에게 가장 잘 맞는 형태를 선택해야 합니다. 최근 들어 코로나19가 촉발한 재택근무 문화가 퍼지면서 주거 수요에서도 변화가 나타나고 있습니다. 이처럼 시대가 변하면서 선호되는 주거 유형도 달라질 가능성이 있습니다. 자신의 라이프스타일에 맞는 주거 유형을 찾아가는 것도 내 집을 마련하는 전략 중 하나입니다.

우리 아파트는 다른 나라와
어떻게 다른가요?

놀이터에서 우연히 만난 세 아이가 서로 인사하며 이야기를 나눕니다.

"너 몇 단지 살아?"

"나 6단지."

"아~ 나는 4단지 살아."

"저기 너는 몇 단지 살아?"

"나는 9단지."

"그래? 반가워."

이처럼 아이들도 단지 개념을 가지고 있습니다. 우리나라와 다른 나라 아파트의 차이점이 여기에 있습니다. 바로 '단지화' 입니다. 외국 어디든 아파트와 같은 공동주택이 없는 나라는 없습니다. 고밀도인 도시의 토지를 가장 효율적으로 쓰기 위해서, 층수가 많은 주택을 지어서 대량의 주택을 공급하는 것이 상식입니다. 공동주택이라는 점은 똑같지만 '단지'라는 추가 개념을 적용해서 도시와 단지를 분절시킨 것이 한국식 주거단지의 특징입니다. 그리고 우리 아파트가 고급화 이미지를 얻은 이유 또한 '단지' 개념이 접목되기 시작하면서입니다. 단지 안과 밖을 철저히 구분하기 때문에 단지만을 위한 주거서비스를 발전시킬 수 있었기 때문입니다.

도시화가 이루어지면서 모르는 사람들과 마주칠 일이 많아지는 현대인들은 점점 아파트 단지가 주는 효과, 이른바 '단지 효과'에 만족하기 시작했습니다. 단지 효과란 도시에서 보금자리로 들어오는 것 혹은 단지 외부와 접촉하는 것 모두 자신이 선택할 수 있다는 데서 오는 만족감입니다. 선택적으로 단지 안에서만 생활할 수도 있고, 필요하면 단지 밖으로 나가서 도시 생활을 즐길 수 있습니다. 그렇게 단지는 점점 도시와 선택적 분리를 할 수 있도록 설계하게 되었고, 급기야 외부인들의 출입을 제한하는 시설을 설치하다가, 이제는 외부와 완전히 단절된 단지마저 등장하는 것이 요즘의 현실입니다. 고급 아파트일수록 외부인의 출입이 매우 까다로워지는 추세입니다.

흥미로운 점은 이렇게 외부와 단절된 공간 속에서 거주하길 바라면서도, 외국을 다녀오고 나서는 그들을 부러워하곤 합니다. 외국의 아파트 단지들은 도로와 접하고 출입구도 공개되어 사람들이 활발히 다니는 것이 좋아 보였나 봅니다. 아래 사진을 보면서 건축을 전공한 사람들이 질문하곤 합니다. "왜 우리나라 아파트 단지들은 외국처럼 이렇게 짓지 못할까?" 우리나라와 외국의 아파트 단지에서 가장 큰 차이점은 단지화로 인한 요새화와 개방된 공동주택이라는 2가지 개념의 차이가 아닐까 합니다.

한국의 아파트는 세월이 흐를수록 '단지'의 개념을 더욱 발전시켜서 진화하고 있습니다. 앞서 놀이터의 세 아이 사례처럼 같은 구에 살더라도, 같은 동에 살더라도 아파트 단지가 다르면 다른 지역에 사는 것과 같은 환경일 수 있습니다. 가령, 같은 행정구역 동에

도로와 바로 접하고 출입구도 공개되어 있는 뉴욕의 한 아파트.

200세대로 구성된 단지와, 3,000세대로 구성된 단지가 있다고 칩시다. 200세대로 구성된 단지에는 부대시설이나 편의시설이 많기가 어렵지만, 3,000세대로 구성된 단지는 보다 다양한 편의시설을 구축할 수 있습니다. 조식을 준비한다거나 아파트 단지 차원에서 별도의 문화시설을 운용한다거나, 스포츠시설 등을 사용하게 하는 등 완전히 다른 생활서비스를 제공할 수 있습니다.

그렇다면 이 두 사람은 같은 행정구역에 살지만, 살아가는 모습은 매우 다를 수밖에 없습니다. 오로지 살고 있는 단지가 다르냐는 이유로 이처럼 달라집니다. 한마디로, 우리네 주거생활의 특징은 단지에 살고 있는지 아닌지, 어느 단지에 사는지로 나뉘어집니다.

단지화가 가속화된다면 어떻게 될까요?

아마도 행정구역은 큰 의미가 없어지고, 단지가 점차 근린시설부터 교육, 편의시설까지 자급자족하면서, 말 그대로 중세의 성과 같은 모습을 띨지도 모릅니다. 성 밖에 나가지 않아도 살아갈 수 있으며 성 안이 일종의 자급자족하는 길이 됩니다. 그리고 다른 성에 사는 사람들과 분리됩니다.

외국의 아파트 중에서 우리나라처럼 단지화를 지향하고 그게 대세로 자리 잡은 나라는 거의 없습니다. 우리나라는 단지화의 최첨단을 달리는 셈입니다.

도시는 사람들이 모여 살고, 모르는 사람과도 같이 거주하는 공간입니다. 이런 현대적 도시에서 아파트 단지는 거주민에게 왠지 모를 안도감을 줄 수가 있습니다. 반대로 외부와는 폐쇄되는데 거주민들은 이를 선택적 폐쇄로 받아들이며, 좋은 주거지의 기준으로 인식하기도 합니다. 그러나 도시 차원에서는 이를 'VOID(비어 있는) 공간'이라고 봐야 합니다. 왜냐면 그 단지에는 해당 거주민만 들어갈 수 있으며, 다른 도시 거주민들은 갈 수 없기 때문이죠. 그렇다면 그 공간은 도시 차원에서는 죽은 공간, 즉 쓸 수 없는 공간이 됩니다. 그렇게 도시 전체 공간 중 일부를 적은 수의 사람들이 점유할 수 있게 내주다 보면, 더는 도시로서 기능을 제대로 유지하기가 어려워집니다. 한마디로 도시가 아파트 단지 단위로 쪼개질 수도 있다는 의미입니다.

이 때문에 요즘 신도시 계획에서 설계할 때 탈단지화를 반영하는 사례가 늘고 있습니다. 3기 신도시°의 아파트 단지 조감도를 보면 단지를 구성하는 외벽이 없습니다. 송도와 비슷합니다. 과연 계획대로 이루어질지는 모르지만요. 왜냐면 아파트 단지화는 아파트가 도입된 이후 50년 이상 진화해왔고, 요즘의 소비자들은 부대 서비스가 잘 마련된 대단지에 살고 싶어 하기 때문입니다.

◆ 3기 신도시

부동산 가격 폭등에 따라 정부가 공급물량을 늘리기 위해 계획 중인 신도시. 3기 신도시에는 남양주 왕숙지구, 하남 교산지구, 인천 계양, 고양 창릉지구, 부천 대장지구 등이 있다.

즉, 소비자와 공급자가 원하는 형태로 계속해서 발전할 수밖에 없습니다.

언제까지 단지화 아파트가 대세가 될지는 모르겠지만, 현재까지는 주류이므로 당분간 이런 추세가 계속되리라 생각합니다. 그래서 사람들은 점차 좋은 아파트 단지를 찾아서 이동하려고 할 것이며, 그런 아파트 단지들의 가격도 그 수요만큼 올라갈 것입니다. 반대로 단독주택, 혹은 소규모 아파트 단지 등에서 제공할 수 있는 기능에 대한 제한이 점점 커지면서, 대단지와의 가격 격차도 커질 것으로 보입니다. 같은 행정구역이라 하더라도 2배 이상의 가격 격차가 날 수도 있습니다.

외국의 경우, 많은 아파트가 도로와 접해 있고, 우리나라의 저층 주상복합과 비슷한 형태를 띠는 곳들이 많습니다. 1~2층은 상가이고, 3~15층은 주거지인 주상복합의 모습을 띱니다. 특징이라면 아파트 단지화가 아니라, 공동주택 한 건물이 있고, 한 건물 한 건물 모두 다른 소유주들이 거주하고 있어서, 공동주택 생활을 하는 것은 맞지만 '단지' 생활을 하지는 않는다는 것입니다. 그래서 자기 집에서 나오면 곧바로 도시의 도로와 연결되고, 그렇게 도시 공간을 서로 공통으로 활용하게 됩니다. 바로 이 점이 한국의 단지형 공동주택과 가장 큰 차이점입니다. 우리는 자신이 사는 동을 나오면 아파트 단지 안이며, 이 단지를 나와야만 도시와 만납니다.

이런 차이점이 미래에 어떤 도시적 차이를 만들어낼지 그 결과가 자못 궁금해집니다.

주상복합과 아파트는
어떤 차이가 있나요?

"여기는 용적률이 왜 이렇게 높아요?"

"주상복합이거든요."

"아~"

1기 신도시 중에서 완전한 신도시였던 분당과 일산은 토지이용 계획도상 업무시설의 용지 비중을 7%대 수준으로 높여서 일자리와 주택이 공존하는 자족도시를 기획했습니다. 그러나 1994년 전후로 준공된 일산-분당의 업무시설 용지가 1997년 말부터 찾아온 IMF 외환위기 이후로 완전히 달라집니다.

IMF는 이른바 '고高부채 기업의 위기'였기 때문에 개인보다는 위기의 주체가 기업이었습니다. 그러니 1기 신도시용 업무시설 용지에 들어갈 만한 기업 수가 적어질 수밖에 없었고, 해당 토지에 상업 시설을 짓지 못하자 방치되고 맙니다. 강남 등 도시계획으로 지어진 지역에서도 상황은 마찬가지였습니다.

이런 상황에서 부동산 디벨로퍼developer들이 창조적 아이디어를 냅니다. 이들 용지에 주상복합이라는 상품을 만들어내면서 아래층은 상업 시설, 위층은 공동주택을 건설하게 됩니다.

> ◆ 부동산 디벨로퍼
>
> 시공만 하는 건설회사와 달리 기획, 시공, 분양 등 전 과정을 관리하는데, 부동산 개발업자 혹은 시행사라고도 부른다.

1990년대 말 코오롱건설은 분당에 트리폴리스라는 주상복합 건물을 공급합니다. 이 주상복합을 분양한 분양대행사의 대표가 현재 '한국의 트럼프'라고 불리는 엠디엠MDM 개발의 문주현 회장이었습니다. 이때 IMF 외환위기 상황이라 분양 경기가 매우 나쁠 거라는 우려에도 불구하고 코오롱건설에 자신감을 피력하여 분양 업무를 담당했다고 합니다. 현재는 한국자산신탁 그룹의 회장이 되어 승승장구하고 있습니다.

이처럼 당시에 주상복합이라는 개념이 등장했고, 이후 삼성의 도곡동 타워팰리스를 포함해서 서울시 및 신도시 상업용지에 주상복합이 건설됩니다.

주상복합 건물은 기둥과 보를 갖는 건축구조로 인해서 층고가 높아 층간소음이 매우 적은 데 반해 전용률°은 낮아 관리비가 올라가는 특징이 있습니다.

◆ 전용률

공동주택의 분양면적(또는 계약면적) 대비 전용면적이 차지하는 비율을 말하는데, 예를 들어 분양면적 113.24제곱미터, 전용면적 84.95제곱미터라면 전용률은 75%가 된다. 전용률이 높을수록 실평수가 넓다.

약간의 건축구조에 대한 지식이 있으면 주상복합 구조를 이해하는 데 도움이 됩니다. 건축물이 수직으로 올라가는 데 필요한 것이 수직 하중을 받아줄 부재部材입니다. 과거에는 2층 이상 높이의 건축물을 올리는 것이 기술의 척도였고, 석기시대에도 고인돌을 보면 아시다시피 구조물을 위로 올려놓는 것, 즉 중력을 거스르는 것이 기술이었습니다.

수직 하중을 담당하는 부재는 전통적으로 벽이나 기둥이었는데요. 벽의 경우는 가로로 길고 한 면 전체를 막기 때문에 벽에 창호를 내는 것이 기술이었습니다. 반면 기둥은 작은 면적만 차지하고 벽면 전체를 비워놓을 수 있어서 이렇게 기둥으로 수직 하중을 부담하고 벽면을 구조적으로 자유롭게 두는 경우를 '커튼월curtain wall'이라고 부릅니다. 커튼월은 벽이 커튼처럼 힘을 받는 게 아니라 그냥 얹혀 있는 형태죠. 즉 기둥식 구조체라는 의미입니다.

벽식 구조 대비 기둥식 구조가 갖는 장점은 말 그대로 창호를 넓게 쓸 수 있어 구조를 완전히 자유롭게 설계할 수 있다는 점입니다.

그래서 미관을 수려하게 할 수 있는 장점이 있습니다. 단점으로는 기둥이 하중을 받게 하려면 그 기둥으로 바닥의 하중을 전달해주는 부재, 즉 보beam 또는 girder의 존재가 필요하다는 것이죠. 이 보가 바닥 슬래브 아래에 위치하고, 보에서 기둥으로 힘이 전달됩니다. 이 보의 두께 때문에 필연적으로 한 층의 높이가 높아져야만 하므로 실내 층고를 확보해야 하는 문제가 발생합니다.

예를 들어 슬래브 두께는 250밀리미터이고, 벽식 구조체인 경우에 벽이 슬래브와 바로 연결될 수 있고 그렇게 구조 1층의 높이를 2,650밀리미터로 하는 경우가 있는데요, 기둥-보 방식의 구조체는 슬래브 밑으로 보가 300밀리미터로 지나가고 보 아래에 기둥이 위치해야 하므로, 총 층고가 2,950밀리미터가 될 수 있다는 겁니다. 1개 층의 높이가 2,650에서 2,950으로 30센티미터 높아진다면 30개 층에는 총 9미터가 높아지는 셈이므로, 그만큼 건축물 층고 상승으로 인한 비용부담을 포함해서 고려해야 할 점이 많아집니다. 한마디로 가격이 비싸지겠죠.

이외에도 장점으로 기둥식 구조체로 인해서 층간소음이 덜할 수 있습니다(바닥-벽 구조체는 층간소음이 벽을 통해 전달됨), 또 높은 층고로 인해서 상당한 개방감을 느낄 수 있습니다. 그리고 근본적으로 기둥으로 둘러싸인 면적에서는 벽을 아무 데나 설치할 수 있어서 평면을 고칠 수 있는 여지가 많아지죠.

주상복합은 이러한 장점을 토대로 탄생했고, 건설하는 데 들어가는 시공비가 올라가는 단점을, 고급화로 포장하며 국내 시장에 처음 등장했습니다. 단점은 넓은 면적의 경우 기둥이 들어가야 하는 위치가 실내 평면에서 봤을 때 뜬금없는 위치에 들어갈 수 있다는 점이 있는데요, 그래서 주상복합의 경우 '실내 평면이 이상하다'라는 평가도 많이 받습니다.

이 때문에 주상복합 초기에는 시대를 선도하는 건축물 이미지였다가, 이후 아파트가 진화를 거듭하면서 주상복합의 장점들을 흡수하기 시작했습니다. 아파트가 구조적인 점에서 장점을 내세우기는 어렵지만, 근린생활시설과 커뮤니티 시설이 매우 발달하면서 경쟁력을 확보했습니다. 점차 주상복합만의 장점이 구조적 특징 정도로 국한되면서 현재는 선호도가 아주 높은 편은 아닙니다. 다만 2세대 주상복합 건물은 단점을 보완하면서 변화를 꾀하고 있어 달라질 수 있습니다.

어쨌든 1990년대 말 처음 등장한 주상복합 또한 핵심 시설은 주택이기 때문에, 사실상 1기 신도시는 주택으로 채워졌고, 2기도 마찬가지였습니다. 자연스럽게 도시의 기능이 주거 중심이 되었습니다. 그래도 1기 신도시에는 학교가 건설되면서 주거와 교육은 병행하되 직장은 적은 전형적 주거타운 이미지의 신도시가 생겨난 셈입니다. 주상복합도 결국은 주택입니다.

살기 좋은 신도시는
어디일까요?

요즘 주택 시장 공급의 핵심 중 하나가 3기 신도시입니다. 3기 신도시라는 이름에서 알 수 있듯이 과거에 1기, 2기가 있었다는 것도 쉽게 짐작할 수 있습니다. 어쩌면 미래에 4기 신도시가 생길 수도 있겠지요.

우리나라 신도시의 역사는 오래되었습니다. 현대식 신도시는 한국전쟁 이후에, 본격적 근현대화의 역사와 함께 시작되었습니다. 서울 역시 중구를 중심으로 한 구도심의 역사에서 점차 외연이 넓어지면서, 영등포 동쪽인 영동지구 개발(현재의 강남 일대)로 이어지고, 강남만으로 서울시 포용인구가 부족할 것으로 판단해 수도권 신도시들을 대거 공급하게 되었습니다. 이때가 1980년대 말이었고, 1기 신도시의 역사가 시작되었습니다. 신도시 공급 시기인 1980년대는 환율/유가/금리의 3저로 대표되는 현상이 나타나면서 경기가 매우 좋았고, 1988년 서울올림픽을 전후로 한국의 위상도 올라갔습니다. 이 과정에서 주택가격은 이른바 상상을 초월하는 수준으로 상승했는데, 1980년대 후반이 되자 전세 등 임차료가 폭등하여 서민들이 안타깝게 생을 마감하는 사건도 일어났습니다. 주택 문제가 전국적으로 사회문제로 떠올랐습니다. 이런 시기에 거대한 주택공급계획을 발표한 것이 200만 호 주택 공급이고, 이때 1기 신도시 개념이 등장했습니다.

한동안 신도시 계획이 없었습니다. 2000년대 들어서도 없다가, 주택가격이 급등하면서 주택 공급이 해결방안으로 논의되기 시작했습니다. 그 결과로 2003년 2기 신도시가 발표되었습니다. 1997년 IMF 위기를 극복하는 과정에서 국내 주택금융이 일반은행으로 확대되었고, 주택담보대출이라는 새로운 대출 수단이 민간에 도입되었습니다. 경제적으로 위기를 극복하고 삼성 등 국내 굴지 기업이 글로벌 기업으로 성장하는 시기여서 경제도 호황이었습니다. 전 세계적으로 자산 시장이 상승하였고 우리나라도 이에 편승하였습니다. 이에 따라 주택가격이 매년 급등을 반복하자 2기 신도시가 기획된 것이죠.

앞서 나온 사례처럼 1기, 2기 신도시 모두 급등하는 주택가격으로 인한 해결책으로 공급이 필요해서 신도시를 통해 주택을 공급한

다는 공통점이 있습니다. 하지만 1980년대 말부터 1990년대 초에
는 물량과 속도 면에서 신도시가 속도감 있게 건설될 수 있어서 시
장 안정화에 기여했지만, 2000년대 후반부터는 이야기가 달라집니
다. 사회가 발전하고 속도보다는 절차 등이 중요해지면서 신도시 건
설에 더욱 오랜 기간이 걸리는 데다가 신도시의 공급 위치도 1기 신
도시 대비 흡수력이 낮은 지역이어서 2기 신도시는 시장에 미치는
영향이 사실상 미미했습니다.

　실제 2기 신도시 지역들은 2014년 이후 주택가격 상승기가 되어
서야, 즉 2008년 금융위기 이후 5~6년을 기다려서야 분양할 수가
있었습니다.

　현재의 3기 신도시는 과거 1, 2기 신도시 대비 교통망을 포함해
좀 더 발전된 형태로 기획하고 있습니다. 사회가 발전하고 성장하는
만큼, 신도시의 설계도 달라질 수밖에 없습니다. 다만, 3기 신도시
공급계획 역시 2010년대 후반에 주택가격이 급등하면서 다시 공급
이 중요해지는 때에 나왔고, 구도심뿐 아니라 신도시 공급까지 포함
해서 총 200만 채 이상의 주택을 공급한다고 발표되었습니다. 1기
와 2기 신도시처럼 '주택가격이 상승하고 수요공급 논리로 신도시
가 등장'했다는 점에서 비슷합니다. 한마디로 한국의 신도시는 예나
지금이나 여전히 공급 부족을 해결하는 수단으로서 등장한다는 것
입니다.

이처럼 신도시가 공급되는 시대적 배경은 늘 주택가격 급등기의 공급 문제를 해결하는 데 있었습니다. 그러다 보니 신도시를 설계할 때 주택을 중심으로 설계할 수밖에 없었습니다. 주거 중심 신도시가 갖는 문제점도 그래서 적지 않습니다.

통상적으로 신도시로 공급되는 면적을 100%라고 한다면, 자동차용 도로가 전체 면적의 약 20%를 차지합니다. 도로가 차지하는 면적이 생각보다 매우 넓습니다. 그리고 녹지 등이 도시마다 다르지만 평균적으로 30% 수준을 차지합니다. 그러면 도로와 공원만으로도 이미 도시의 절반이나 되는 대지면적을 사용한다는 것과 같습니다. 나머지 5~8%의 면적은 도시가 제대로 작동하는 데 필요한 전력시설을 포함해서 관공서, 학교를 포함해 다양한 기반시설이 차지합니다.

남은 면적은 전체 도시면적의 35~40% 정도입니다. 이 면적을 사실상 주택으로 가득 채워온 것이 1기 신도시와 2기 신도시의 전형적인 디자인이었습니다. 주택이 부족하고 주택 공급을 많이 해야 하므로, 가용면적은 주택 중심으로 채워졌습니다.

그렇게 1기 신도시와 2기 신도시 지역들을 채우면서 도시가 기능적으로 '베드타운bed town화'된 것은 어쩌면 당연한 결과였을지도 모릅니다.

도시는 다양한 기능을 갖춘 건축물들을 얼마나 보유하고 있느냐에 따라서 여러 모습을 띨 수 있습니다. 업무용 시설도 있고, 주거용 시설도 아파트만이 아니라 단독주택 등 형태가 다양하고, 교육이나 문화시설 등도 많고, 병원을 포함해서 관공서 등이 많으면 많을수록 도시가 품을 수 있는 기능이 다양해집니다.

그러나 우리나라 신도시들은 도시 면적 중 주택이 차지하는 비중이 그 어느 신도시들보다 높아지면서, 주거 기능 외에 다른 기능을 제대로 제공하기 어려운 환경이 되었습니다. 그래서 직장은 서울, 출퇴근은 신도시라는 1990년대의 삶이 만들어지기도 했고, 이때부터 신도시는 '베드타운'이라는 용어로 불렸습니다.

2기 신도시라고 해서 이런 추세가 크게 달라지지는 않았습니다. 2003년부터 기획된 2기 신도시 역시 주택 공급이 부족한 기간에 공급되었기 때문입니다. 그래서 화성, 동탄을 포함해서 2기 신도시를 대표하는 파주 운정, 양주 옥정, 동탄1-2, 고덕 국제화 등 다양한 신도시들에서 여전히 높은 주거용지의 비중을 확인할 수 있습니다.

과연 현재의 3기 신도시는 어떻게 건설될까요?

신도시의 전체적인 설계는 자급자족과 주변과의 연계를 매우 중시하며 설계되고 있습니다. 특히 환경조건 등이 강조되는 시대를 살면서 야생동물의 생태축 역할을 하는 녹지축을 포함, 수변 시설 등 친환경적 이미지를 강조합니다.

신도시 중에서 판교를 비롯해 과천 지식정보타운, 광교 등은 업무시설이나, 도시 지원시설 용지의 비중이 매우 높아서, 그간 지어졌던 신도시들과 궤를 달리하는 도시적 특징을 갖습니다.

즉 애초부터 베드타운이 아니라 일자리 중심으로 기획되었다는 의미입니다. 이로 인해서 주변의 주택 수요를 흡수하고 아마도 해당 지역의 도심 역할을 하는 신도시가 될 것으로 보입니다. 이는 이들 3개 도시의 토지이용계획도가 타 도시들과 다르기 때문입니다.

각 도시에는 어떤 건축물이 지어지느냐가 중요하다고 했습니다. 3기 신도시는 교통망에 대해서는 상당히 진보된 계획이 있고, 토지이용계획도상에서도 업무시설을 포함한 자족 기능을 위한 용지들을 높은 비중으로 배치하고 있습니다. 1기와 2기 신도시를 건설하면서 신도시 설계가 많이 발전한 셈입니다.

만약 3기 신도시들이 자족 기능을 확보하면서, 각 영역의 구심점 역할을 하게 된다면, 수도권이라는 개념은 더욱 확대될 수밖에 없습니다. 수도권은 점점 권역별 다핵 지역으로 성장할 가능성이 커지고, 자연스럽게 수요 분산이나 지역 간 균형 발전도 도모할 수 있을 테니까요.

- **주택:** 세대의 구성원이 장기간 독립된 주거생활을 할 수 있는 구조로 된 건축물의 전부 또는 일부와 그 부속토지입니다. 토지와 건축물로 구성되어 있어서 토지가 갖는 입지적 가치와 건축물이 지닌 상품적 가치의 합으로 가치를 평가할 수 있습니다.

- **오피스텔:** 준주택으로 때에 따라 주택이 되기도 하고, 되지 않기도 합니다. 청약에서는 비非주택으로 취급하지만, 임차인을 받고 전입신고를 하는 등 주택으로 활용하고 있다면 대부분 주택으로 인정받습니다.

- **주택의 수:** 통계청의 발표에 따라 2019년 말 기준 2,131만 호의 주택이 있습니다. 연간 약 50만 호씩 증가하고 있습니다.

- **주택보급률:** 우리나라에서 오랫동안 사용했던 주택의 보급 수준을 보여주는 지표입니다. 주택 수를 일반가구 수로 나누어 계산합니다. 2019년 말 기준으로 따져보면 보급률은 다음과 같습니다.
    2,131만 호 ÷ 2,034만 가구 = 104.8%
  분자와 분모가 동시에 변하기 때문에 상대적 비교를 하기에는 적합하지 않습니다.

- **인구 천 명당 주택 수:** 분모가 인구 1,000명으로 절댓값을 갖고 있어서 국가 간, 도시 간 등 상대적으로 비교하기 쉬운 주택 공급 지표입니다. OECD 발표에 따르면 2018년 말 기준 영국 433호, 미국 421호, 캐나다 427호, 독

일 508호, 일본 494호, 한국은 383호 수준입니다.

- **아파트:** 5층 이상으로 구성된 공동주택을 의미하며, 우리나라에 일반화된 단지식 아파트는 마포아파트에서부터 유래되었습니다. 한국의 단지식 아파트는 외부와 단절된 공간을 제공함으로써 거주자에게 중세의 성과 같은 생활공간을 제공할 수 있어서 그 어느 나라보다 빠르게 아파트가 주류 주거 형태로 안착할 수 있었습니다. 국내 아파트의 시가총액은 4천조 원을 상회하는데, 주식 시장의 약 2배에 이를 정도로 자산 시장에서 거대한 비중을 차지하고 있습니다. 최근 들어 탈단지화 디자인의 도시 설계가 화두가 되고 있기도 합니다.

- **주상복합:** 구조적으로 아파트는 대부분이 벽식 구조 아파트로, 수직 하중을 벽이 부담합니다. 주상복합은 기둥–보 구조로 설계하고 일반적인 오피스빌딩과 같은 구조적 특징을 갖습니다. 주상복합은 외벽이 하중을 받지 않아서 미려한 설계를 적용할 수 있고, 실내 층고가 높아 층간소음에 강하다는 장점이 있습니다.

오르락내리락
부동산 가격의 비밀

상품성은 뭐고,
입지는 뭔가요?

"부동산은 처음부터 끝까지 로케이션, 로케이션, 로케이션이야."

부동산 시장에 거의 공리처럼 받아들여지는 유명한 발언입니다. 최근 상품적 중요성이 커지면서 부동산에서 상품성이냐, 입지냐의 문제는 논쟁 거리 중 하나입니다. 입지가 중요하다고 외쳐대지만 요즘 화두가 되는 신축 대단지의 상품성이 갖는 힘도 무시할 수 없거든요. 결국 사람들은 주택의 내외부를 보면서 주택의 질을 따지는데, 그 과정에서 신축 대단지가 갖는 경쟁력이 있다 보니 새로운 기능을 갖춘 초대형 단지나 최신 아파트에 감동하곤 합니다.

부동산을 선택할 때 입지를 최우선으로 할지, 상품성을 최우선으로 할지는 매우 고민스러운 주제입니다.

결론부터 말하자면, 주택은 토지와 건축물의 조합으로 구성되고 각각의 가치가 있다고 했을 때 토지는 입지의 가치로, 건축물은 상품의 가치로 치환해서 생각할 수 있습니다. 이 2가지 가치가 합쳐져서 부동산의 가치가 됩니다. 간단히 정리하면 아래와 같습니다.

부동산(주택) = 토지 + 건물

부동산 가치 = 입지 가치(토지) + 상품 가치(건물)

이 중 입지부터 살펴보겠습니다. 입지 가치는 매우 다양한 요소로 구성됩니다. 주로 부동산의 외적 환경을 의미할 때가 많습니다. 외적인 환경이란 물리적 환경이라고 부를 만한 교통환경(지하철, 자가용 등)이라거나, 자연환경(공원, 전망) 등이 주로 해당합니다. 한편, 비물리적 환경이라고 할 수 있는 것이 바로 교육과 관련한 부분입니다. 주변 학군이 좋다거나 하는 등이 여기에 해당합니다. 물론 어린이집, 유치원, 초중고, 대학교가 인접해서 물리적으로도 교육환경이 좋은 곳이면 더욱 좋겠죠. 이외에도 근린환경(상업 시설, 근린시설 등)이 입지 가치를 결정합니다.

입지는 인근 지역에 있다면 약간의 차이는 있을지 몰라도 비슷할 때가 많습니다. 가령 성동구의 행당 제6구역 주택재개발인 서울숲 리버뷰자이 단지와, 바로 옆 행당 도시개발사업의 결과물인 서울숲 더샵이라는 2개의 단지를 비교해볼까요? 이 두 단지는 중랑천을 사이에 두고 마주 보며 아주 가까이 붙어 있습니다.

　서울숲리버뷰자이와 서울숲더샵은 모두 중랑천을 끼고 있고, 두 단지 모두 강변북로나 올림픽대로, 동부간선도로 접근성이 좋습니다. 또 지하철 4개 노선이 만나는 왕십리역이 있고, 역까지 도보로 5~8분 거리입니다. 지하철 2~5호선은 서울시의 일자리 밀집 지역인 강남권, 도심권, 여의도권을 모두 지나가므로 출퇴근 측면에서 매우 편리하죠. 또 성수대교를 지나서 강남권으로 바로 진입할 수 있어서 자녀가 있다면 강남 학원가를 보내는 것도 가능합니다. 또

사진 왼쪽이 행당 제6구역 주택재개발이었던 서울숲리버뷰자이, 오른쪽이 행당 도시개발 사업이었던 서울숲더샵 주상복합.

서울숲과 가까워서 자연환경이 훌륭한데요. 차나 자전거를 타고 갈 만한 거리에 있습니다.

두 단지 주변에 공원도 신설됩니다. 단지 바로 옆에 행당 제6, 7 구역이 재개발을 하면서 기부 채납해서 만들어지는 6,000평 규모의 근린공원이 또 생기므로 자연환경 측면에서나 거주 만족도 측면에서 좋아질 수 있습니다. 교육적인 측면에서는 행당초등학교가 있고, 사립초인 한양초등학교가 근처에 있습니다. 중학교는 행당중, 무학중 등이, 고등학교는 덕수고, 무학여고 등이, 대학으로는 한양대가 가까이 있습니다.

이런 것들이 소위 입지적 설명입니다. 아마도 이 구역에 들어선 단지에서 공통으로 찾아볼 수 있는 특징일 것입니다. 입지적 특징은 인근 지역일수록 비슷하게 나올 수밖에 없죠. 두 단지는 사실 중랑천을 좌우로 하는 단지여서 매우 인접해 있다 보니 입지적 요건은 비슷합니다.

상품적 특징은 어떨까요? 두 단지의 가장 큰 차이는 서울숲리버뷰자이가 아파트 단지라는 점입니다. 서울숲더샵은 주상복합입니다. 서울숲더샵은 총 495세대, 3개 동으로 구성된 주상복합이고, 최고층수 42층입니다. 전용면적 84~150제곱미터로 중대형이 대부분입니다. 2014년 9월에 준공되었고, 준공과 함께 그해 토목건축대상 중 건축대상을 차지했습니다. 외형 디자인이나 건축적 개념이 단지에 잘 녹아들어서 상을 받을 수 있었겠죠. 외부에서 바라볼 때 물결치는 디자인으로 구성된 상가 디자인은 누가 봐도 예쁩니다.

◆ 용적률

대지면적에 대한 건축물의 바닥면적을 모두 합친 연면적의 비율을 말한다.

◆ 건폐율

대지면적에 대한 건축면적의 비율. 용적률과 함께 해당 지역의 개발밀도를 가늠하는 척도로 활용한다.

주상복합 건물의 가장 큰 특징은 구조입니다. 주상복합은 벽이 하중을 부담하는 아파트와 달리 기둥이 수직 하중을 부담하는 구조입니다. 그러다 보니 거의 모든 주상복합의 실내 층고가 높고(2.45미터 이상, 최근에는 3미터가 넘는 층도 나오는 중), 기둥 구조의 장점으로 생활형 층간소음에서 완전히 자유롭습니다. 서울숲더샵의 용적률은 392%이고 건폐율은 34%입니다. 또 주차대수가 2.19대로 2대가 넘다 보니 이용하기가 매우 편리합니다. 이런 장점들이 서울숲더샵이 갖는 상품적 특성입니다.

맞은편 서울숲리버뷰자이를 살펴볼까요? 이 단지는 2018년 6월에 준공되었고, 1,034세대 7개 동으로 구성된 대단지입니다. 서울숲더샵이 준공된 지 4년 후에 서울숲리버뷰자이가 준공되었으니 최신축 단지입니다. 전용면적 84.9~186제곱미터로 역시나 중대형 평형 중심의 단지입니다. 대형 평형 중심의 아파트 단지이고 용적률 281%, 건폐율 18%입니다. 건폐율이 서울숲더샵의 34% 대비 매우 낮은 것을 알 수 있는데, 건폐율이 낮다는 것은 대지 내 건축물의 면적이 적다는 것을 의미합니다. 자연스럽게 낮은 건폐율은 동 사이 간격이 넓다거나 녹지면적이 넓을 수 있고 지상층에서 건물 사이사이를 바라봤을 때 막혀 있지 않고 건물 간 거리가 떨어져 있을 수 있게 하여 상당히 쾌적하다는 것을 짐작할 수 있습니다. 서울숲리버뷰자이의 최고층수는 39층이며, 주차대수는 1.31대로 일반적 기준입니다.

두 단지의 설명을 듣다 보면 장단점들이 명확히 서로 비교됩니다. 층고나 층간소음, 주차대수의 장점이 있는 단지, 또 대단지로 낮은 건폐율, 또 준공연도의 차이나 아파트라는 점 같은 것들이죠. 두 단지의 이러한 상품적 차이점 때문에 실제 거래 가격에서 꽤 차이가 납니다.

이 차이점이 입지에 속하는지, 상품에 속하는지 명확하게 구분하기는 어렵지만, 아파트와 주상복합의 차이를 만들어내는 요소이기 때문에 시장에서 다른 가격대가 형성됩니다. 서울숲리버뷰자이의 전용면적 84제곱미터는 실거래가가 2021년 2월 기준 18억 원, 서울숲더샵은 전용면적 84제곱미터의 실거래가가 2020년 11월 기준 14.7억 원입니다. 상당한 차이가 나는 것을 알 수 있습니다.

물론 가격이 가치를 온전히 반영한다고 볼 수는 없습니다. 가격은 얼마든지 변할 수 있습니다. 또 주택가격에는 유동성 효과가 존재하며, 이는 풍선효과나 혹은 세법 관련 규제 등으로 인해서 나타날 수도 있습니다. 그럼에도 불구하고, 상품적 측면에서 우리나라는 아직 주상복합보다는 아파트 선호도가 조금 더 높다는 점이 가격을 통해서 드러납니다. 이외에도 2018년 준공되고 좀 더 신축인 점, 아파트 밀집 지역에 자리 잡은 것이 서울숲리버뷰자이 단지이므로 이러한 입지적 장점도 가격에 포함돼 있습니다.

이제 주택 시장에서 입지적 특징과 상품적 특징이 무엇을 의미하는지 이해가 잘 되었겠지요. 가장 시장가격이 높은 곳은 입지와 상품이 모두 좋은 곳입니다. 그리고 비슷한 가격대를 형성하는 곳은 입지가 좋은데 상품성이 낮거나, 입지는 좋지 않지만 상품성이 좋은 단지입니다. 그리고 가장 낮은 시세를 형성하는 곳은 입지도 상품도 좋지 않은 경우입니다.

충분한 자금이 있다면 입지와 상품 모두 좋은 곳을 선택하면 되겠지요. 그러나 거의 모든 세대가 자금에 제한이 있으므로 결국 입지와 상품 중 무엇을 더 우선시할지 매우 고민스러울 수밖에 없습니다.

여기서부터는 아마도 선호도 차이, 개인 취향 차이라고 할 수 있는데요. 입지만 좋은 곳에 살면 단지 생활이 불편할 수 있고, 단지만 좋은 곳에 살면 입지로 인해서 다른 불편함이 생길 수도 있으니, 나만의 기준을 세워서 해결할 것을 추천합니다.

입지와 상품 모두 중요한 개념입니다. 이 둘의 개념부터 확실히 알고 난 후 부동산에 접근한다면 과거와 관점이 달라지는 것을 알 수 있습니다. 예를 들어 입지와 주변 여건이 좀 더 중요하다고 생각한다면 좋은 입지를 찾는 데 매진해야 합니다. 입지보다 상품적 측면을 더 중요하게 생각한다면 내 라이프스타일에 맞는 주택, 더 좋은 상품적 특성을 갖춘 주택을 찾기 위해 노력해야 합니다. 결국 자기가 사는 집은 자신이 선택하는 것이기 때문입니다.

인구가 줄면
주택가격은 어떻게 될까요?

2020년 인구통계는 사람들을 충격에 빠뜨렸습니다. 2020년 출생인구는 27.5만 명인데, 사망인구는 30.5만 명이 되면서 사망인구가 출생인구를 3만 명이나 앞섰습니다. 즉, 자연적으로 인구가 감소한 첫해였습니다. 부동산 시장도 인구 감소라는 거대한 조류를 처음으로 맞닥뜨린 한 해였습니다.

그동안 통계청은 줄곧 출생인구가 줄어 총인구수가 감소하는 시기가 올 것이라고 전망했습니다. 그런데 보통 그 시기를 2025년 전후라고 했는데요. 갈수록 출생인구 감소 속도가 급격히 가팔라지더니 2020년에는 실제로 인구가 감소한 첫해가 되면서 그 시기가 매우 단축되어버린 것입니다. 그리고 앞으로도 이런 추세가 이어질 가능성이 매우 큽니다.

그러나 우리나라에 한국인만 거주하는 것은 아닙니다. 외국인도 거주하는데, 2010년 이후부터 외국인의 유입 속도가 매우 가팔라지기 시작했습니다. 인구주택총조사를 통해 거처가 조사되는 외국인의 증가 수를 살펴보면, 연간 5만 명에 달합니다. 코리안드림을 꿈꾸고 한국에 오는 외국인도 있고, 국내 대기업들이 글로벌화하면서 외국인 채용 증가로 유입된 외국인도 있습니다. 외국인 인구 증가 효과로 인한 주택 수요도 적지 않게 나타나고 있습니다. 우리나라에 거주하는 총 외국인은 이미 177만 명을 넘어섰습니다.

전국	총인구			내국인			외국인		
	총합	남자	여자	총합	남자	여자	총합	남자	여자
	51,779,203	25,952,070	25,827,133	50,000,285	24,934,662	25,065,623	1,778,918	1,017,408	761,510

그런데 문제는 전 세계적 전염병이 된 2020년 코로나 팬데믹과 함께 인구 감소가 찾아왔다는 점입니다. 우리나라는 코로나 이전에는 외국인 인구의 유입이 적지 않은 속도로 이어져 오면서, 외국인 인구 유입 효과로 인해서 총인구의 증가를 그래도 의미 있게 유지할 수 있었습니다. 그런데 코로나19로 인해 전 세계 이동이 막혀 버리면서 한국으로 들어오는 외국인의 수도 감소했습니다. 물론 코로나19는 종국에는 치료제와 백신으로 극복될 이슈라고 보지만, 그럼에도 이런 변화가 동시에 찾아왔다는 점에서 충격적인 한 해였습니다.

특히 부동산 시장에서는 인구 감소를 좀 더 예민하게 바라볼 수밖에 없습니다. 왜냐하면 부동산의 수요에서 인구는 큰 축을 차지하기 때문입니다.

물론 주택의 수요는 인구에서만 나오는 것은 아닙니다. 인구만이 주택 수요의 기반이었다면, 아마도 인구가 감소하기 시작한 많은 다른 국가들에서 주택가격의 하락이 나타났을 겁니다. 그러나 현실은 정반대였죠. 인구가 감소하는데도 불구하고 주택가격은 하락하기는커녕 소득이 증가하고 주택 역시 기능적·기술적 부분이 진보하면서 주택가격의 상승이 잇따랐습니다.

주택의 기본 단위는 가구입니다. 인구가 고정되어 있더라도 자식이 출가해서 독립 세대를 꾸리면 가구 수는 플러스 1이 됩니다. 반대로 출가한 가구가 합가하면, 가령 1인 가구 둘이 만나 2인으로 결혼하는 등 가구 수가 합쳐질 때는 마이너스 1이 됩니다.

부동산 문제는 우리 정부에서 과거 정부에 비해서 보다 많은 주택 공급을 늘렸습니다. 그렇기 때문에 부동산 투기를 잘 차단하면 충분한 공급이 될 것이라는 그런 판단이 있었던 것이 사실입니다. 그동안 부동산 투기에 역점을 두었지만 결국 부동산 안정화에는 성공하지 못했습니다.

근래에 그 연유를 생각해보니 한편으로는 다른 나라들과 마찬가지로 시중의 유동성이 아주 풍부해지고 또 저금리여서 부동산 시장으로 자금이 몰리게 된 상황에 더해서 작년 한 해 우리나라 인구가 감소했는데도 무려 61만 세대가 늘어났습니다. 예년에 없던 세대수의 증가입니다. 그 연유는 앞으로 좀 더 분석해봐야 합니다.

이렇게 세대수가 급증하면서 우리가 예측했던 공급의 물량에 대한 수요가 더 초과하게 되고 그것으로 결국 공급 부족이 부동산 가격의 상승을 부추긴 측면도 있다고 생각합니다.

-대통령 신년 기자회견 중(2021.1.18.)

주택은 결국 가구 구성원이 장기간 거주하는 것을 의미하는 만큼 주택 수요의 기본 단위인 가구의 변화가 몹시 중요합니다. 이처럼 가구가 분파하는 일이 많을 때는 가구 수요량이 탄탄할 것이고, 반대로 앞으로 합가를 더 많이 한다거나 가구 분파 속도가 더뎌지는 상황이라면 주택의 수요는 감소할 것으로 예상할 수 있습니다. 그렇다면 인구 감소로 인해서 지금 당장 주택의 수요가 급격히 낮아진다고 말하기는 어려우며, 인구도 인구지만 가구 수가 증가할 상황인지 아닌지를 살펴보는 것이 더욱 중요합니다.

큰 흐름에서는 인구 감소로 인해서 결국 가구 수도 감소할 것을 예상할 수 있습니다. 다만 가구 수 감소까지 불러오는 데는 상당한 시일이 걸립니다. 일본에서조차 인구수가 감소한 이후에 가구 수가 감소하기까지는 10년이라는 세월이 걸렸습니다. 한국도 이와 비슷하게 2020년에 인구 감소가 시작됐으니, 2030년 전후로 가구 수 감소도 시작하지 않을까 조심스레 예측해봅니다.

이렇게 인구와 가구 수의 변화를 예측하는 것은 쉬운 듯 어렵습니다. 왜냐하면 외국인 인구와 관련한 제도 변화 등 다양한 변수들이 여전히 존재하기 때문입니다. 2021년 신년사에서 대통령의 발언에서도 나왔듯이 세대수 증가 또한 변수입니다. 2019년엔 고작 2만 가구가 늘었는데, 2020년엔 61만 가구가 발생하면서 가구 수의 변화 폭이 매우 컸습니다. 2020년에 인구는 줄었으나 가구 수는 역대 최대로 증가한 한 해였다는 의미입니다.

우리나라 평균 가구 수 증가는 약 20만 가구 정도 되는데, 돌이켜보면 2019년이 유난히 적은 한 해가 아니었나 싶습니다. 그리고 2020년에는 밀려 있던 가구 수 분파가 가속화된 한 해였던 거지요. 그래서 평년보다 3배에 달하는 가구 분파가 일어난 것입니다. 여기에는 청약제도의 변화로 청약 1순위 자격을 확보하기 위한 세대주 등록과 가구 수 분파도 어느 정도 영향을 미쳤으리라 예상할 수 있지만, 보다 근본적으로 가구 수 증가가 가속화하고 있다고 보여지기 때문에 가구 분파 급증에 따른 주택 수요의 발생도 중요한 변화입니다.

요컨대, 인구가 감소하는 것은 주택 수요의 기반인 가구 수 변화에 영향을 주는 요인이므로 우리나라 역시 먼 미래에는 가구 수 증가 속도가 더뎌지면서 가구 수 감소까지 찾아올 가능성이 큽니다. 다만 외국인 관련 정책이나 의료기술 발전 등에 따른 사망률과 출생률의 변화 등도 같이 살펴봐야 하므로 단순하게 예측할 수 있는 미래는 아닙니다. 그러니 인구수가 줄어들면 무조건 주택 수요가 감소하리라고 받아들이기보다는 이러한 다양한 변수를 고려하여 시장 보는 눈을 한층 더 넓혀나가야 합니다.

　그리고 총인구수의 개념도 중요하지만, 주택 시장에서는 특정한 권역의 인구수 개념이 좀 더 중요합니다. 예를 들어 우리나라 전체적으로는 인구가 감소했으나, 경기도 인구수는 증가하고 있으며 가구 수 증가 속도도 눈부실 지경입니다. 그렇다면 경기권의 주택 시장에서 주택 수요는 여전히 매우 탄탄하다고 할 수 있겠죠. 이처럼 개별 권역의 시장을 더 깊이 파악하는 것이 중요합니다.

　인구론은 우리나라에 오랜 기간 논쟁거리 중 하나였습니다. 그러나 인구보다는 가구를, 전국의 가구보다는 도시권별 가구 수 변화를, 또 현재보다는 미래의 사회상을 반영한 가구의 모습을 상상해보면서 주택 시장을 바라보는 것이 필요합니다.

주택도
생로병사가 있다고요?

"이 아파트는 1979년생으로 저랑 생일이 같네요."

한 아파트 단지를 함께 둘러보면서 제 지인이 한 말입니다. 그런데 그 아파트는 재건축을 앞두고 있어서 곧 허물고 새로 지어질 상황이었는데요, 그래서 제가 "그 아파트는 이제 최신식 아파트로 부활할 거예요. 부활하면 요즘 트렌디하다는 MZ세대보다도 더 어린 알파세대가 되겠네요"라고 한 적이 있습니다. MZ세대_{millennials generation}는 1990년대 중반 이후 출생한 세대이고, 알파세대는 2011년 이후 태어난 세대를 말하지요.

이처럼 주택에는 수명이 존재합니다. 사람에게 생로병사가 있는 것처럼, 부동산 특히 주택 역시 생로병사가 존재합니다. 인간의 평균수명은 90세에서 100세를 향해 가는 것처럼, 주택의 평균수명도 존재한답니다.

국토부 자료에 따르면 아파트 평균수명이 가장 긴 나라는 128년으로 영국입니다. 독일은 121.3년, 프랑스가 80.2년입니다. 우리나라 주택의 평균수명은 50년 정도 됩니다. 준공 후 50년 정도가 지나면 재건축되거나, 혹은 아예 사라져서 다른 형태의 건축물이 되는 식으로 주택도 생애주기를 겪는 것이죠. 물론 한국도 '장수명 아파트'라고 해서 100년 이상 골조의 안정성이 유지될 수 있도록 설계하는 아파트가 있긴 합니다.

그러나 현재까지 지어진 대부분 아파트들은 1980~1990년대 집중 건설되면서 장수명 아파트보다는 빠르게 건설된 아파트여서 여러 기준에서 미흡한 경우가 많습니다. 기능적으로도 층고, 층간 슬래브 바닥 두께, 주차 문제,

> **◆ 장수명 아파트**
>
> 30년마다 재건축하는 현재의 구조에서는 재건축에 따른 환경문제, 사회적 비용 발생 등의 문제가 있다. 이런 문제를 해결하기 위해 내구성, 가변성, 수리 용이성 등을 따져 100년 가는 장수명 아파트를 지어야 한다는 목소리가 커지고 있다.

엘리베이터 대수, 지하주차장 유무, 커뮤니티 시설 유무 등 현재 요구되는 조건들을 충족하지 못하는 아파트들이 많습니다. 그래서 노후화와 기반시설 부족을 이유로 많은 아파트와 빌라들이 재건축, 재개발을 선택하면서 국내 주택의 생애주기는 50년이 채 되지 않습니다.

주택의 수명이 다 되면서 자연스럽게 해당 주택에 거주 중인 가구는 다른 곳으로 옮겨야겠죠. 이때 발생하는, 주택이 소멸되는 현상을 '멸실'이라는 용어를 써서 설명합니다. 이 멸실에 따라서 거주 중인 가구의 주택 수요가 나타나기 때문에 이를 합쳐서 '멸실 수요'라고 부릅니다. 멸실에 의한 주택 수요는 반드시 매수 수요로만 나타나지는 않습니다. 임차 수요로도 나타납니다. 매수든 임차든 멸실 1호가 발생한다면 주택 수가 1만큼 감소하며, 자연스럽게 멸실 수요가 1만큼 증가한다는 것이 중요합니다. 즉 임차 중심의 아파트 단지가 멸실된다면 임차 수요가 단기간에 해당 지역에 크게 증가할 수밖에 없고, 자가 비중이 높은 단지에서 멸실 수요가 발생한다면 자가 수요가 증가할 가능성이 커집니다.

　　일반적으로 도심 내에서 주택 멸실이라고 하면 재건축과 재개발을 떠올리면 됩니다. 이주나 철거 단계에서 주택을 멸실시킵니다. 이렇게 하면 주택이 사라지게 됩니다. 그런데 이후 약 30개월 이상의 공사 기간을 거쳐 새로 주택이 준공되면 -1이었던 주택이 다시 +1이 되는데요, 이렇게 새로운 생애주기가 시작합니다. 유한한 토지 위에서 건축물이 계속 삶과 죽음을 반복하는 것이 건축의 역사이듯이, 건축물도 생애주기가 존재한다는 점을 감안하면 깨닫게 되는 것들이 많습니다.

한국의 멸실주택은 2010년에는 6.2만 호였는데, 2018년도엔 11.5만 호로 약 2배 정도 증가했습니다. 연간 사망자 수가 27.5만 명인 점과 비교할 때 아직은 큰 수치가 아닙니다. 그러나 총인구 수가 5,170만 명이고 총 주택 수가 2,100만 채인 것을 비교한다면 11.5만 호의 멸실은 전체 주택 0.5%가 멸실되는 것이어서 결코 적지 않은 수치임을 알 수 있습니다.

아파트 멸실량도 2010년엔 7천 세대에서 2018년에는 2.3만 호로 증가하였죠. 아파트 멸실은 보통 주택재건축이 일어난 경우로 보면 됩니다.

그런데 우리나라 주택이 건설된 시점을 살펴볼 때, 주택의 멸실량이 앞으로 크게 늘어날 수밖에 없다는 것을 알 수 있습니다. 우리의 아파트들은 주로 1990년대를 전후로 건설되었고, 2021년 기준 약 30년이 되었습니다. 그 이전에 건설된 아파트들이 지난 기간에 재건축이 되었는데요, 마포아파트가 마포삼성래미안이 된 것처럼요. 아마 앞으로도 아파트의 멸실량은 지속해서 증가할 것입니다.

아파트가 아니라 노후주택들도 멸실이 있겠죠. 종전엔 주택이었는데, 멸실이 되면서 다른 용도의 건축물이 되어버린다면 완전 멸실이고, 재건축이나 재개발을 하면서 멸실되었다가 몇 년 후 새로 준공된다면 임시 멸실인데요, 현재는 임시 멸실이 더 많습니다.

일본은 전체 주택 시장에서 공실이 차지하는 비중이 13%에 육박할 정도로 많습니다. 그렇게 많은 주택을 공실로 두느니 아예 멸실하자는 주장이 나오기도 합니다. 그러나 멸실하는 비용 또한 만만치 않아서 함부로 그렇게 하지는 못하고 있습니다. 최근에는 공실 주택을 용도를 바꿔 활용하는 방법을 찾고 있습니다.

한국은 앞으로 10년 정도는 멸실주택이 계속 늘어나면서, 이것이 전세나 월세를 포함해서 주거 문제의 큰 숙제이기도 합니다. 그래서 그 전에 충분히 주택을 공급해줘야만 향후 발생할 멸실주택에서 나오는 거주자들을 받아줄 공간이 생길 수 있습니다. 여러모로 우리나라는 주택의 생애주기가 짧다 보니 이런 문제들이 다른 나라보다 더 빠르게 생깁니다.

앞서 살펴보았던 인구수와 가구 수 측면의 주택 수요, 그리고 경제가 성장하고 소득이 증가하면서 발생하는 수요인 소득 수요, 마지막으로 주택이 멸실하면서 한시적으로 발생하는 주택 멸실 수요의 3가지를 합쳐서 '주택 수요'라고 합니다.

이 3가지 수요 중에서 정부가 정책적으로 제도를 만들어서 시장에 영향을 줄 수 있는 수요량에는 어떤 것이 있을까요? 인구수와 가구 수에 따른 수요는 가구 수 분파나 합가를 인위적으로 조정하기는 힘듭니다. 물론 특정 제도를 만들어서 인위적 분가, 합가를 유도

할 수는 있을지 몰라도 가구 분파는 도시화의 결과물이고 사회 현상이므로 쉽게 손댈 수가 없습니다.

두 번째로 소득 수요는 사실상 경제성장과 소득분배 등에 달려 있습니다. 물론 경제정책 활성화 방안 등을 낼 수도 있지만, 한국의 경제는 글로벌 경기와 연동될 수밖에 없는 개방경제여서 우리 마음대로 경제회복을 논하기가 어렵습니다.

마지막으로 주택의 멸실 수요는 재건축과 재개발을 촉진하거나 규제하면서, 어느 정도 정책 효과의 영향을 받게 할 수가 있습니다. 즉, 멸실 시장을 조정하여 주택 수요량 전체를 조정할 만한 수단을 확보할 수 있다는 의미입니다. 그래서 지난 60년간 주택정책에서 주된 수요대책으로 재건축재개발 활성화 혹은 안정화라는 대책들을 내놓곤 했습니다.

장기적으로 보자면 생애주기가 다 되지도 않은 주택을, 경기 활성화를 위해서 허물고 이로 인해서 단기적 멸실 수요 변화를 만들어내서 주택가격이나 혹은 임차가격에 영향을 주고자 하는 것은 매우 소모적인 일입니다. 정비사업은 때가 되면 자연스럽게 진행되어야 하는데, 정부가 정비사업을 계속 인위적으로 조정해온 것이죠. 주택 시장 안정을 위해서는 멸실 수요 관리가 매우 필요하지 않을까, 그리고 주택 시장 안정화 정책 실패의 원인에는 멸실 수요의 인위적 조정도 한몫한 것이 아니었을까 생각해봅니다.

주택 공급은
어떻게 이루어지나요?

주택을 건설하는 방법은 사실 2가지밖에 없습니다.

첫째, 새로 건설하기.
둘째, 기존에 건설된 주택을 허물고 새로 짓기.

◆ 택지개발촉진법

도시에 시급한 주택난을 해
소하기 위해 주택건설에 필
요한 택지의 취득, 개발, 공
급 및 관리에 대한 특례를
규정한 법률이다.

첫 번째 방식은 신도시 개발이라고 하여 우리나라에서는 1970년대 이후 50여 년간 이 방식으로 해왔습니다. 특히 1981년 택지개발촉진법˙ 이후부터는 신도시를 통한 주택 공급이야말로 단기간에 공급을 확대하는 방법이 되어왔죠.

두 번째 방식은 도심 재개발이라고 하여 다양한 형태로 바뀌어왔습니다. 현재는 주택재건축, 주택재개발로 대표되는 정비사업과 소규모 정비사업들, 그리고 용도 변경 등을 통해서 주택을 건설하는 형태의 다양한 파생사업들이 여기에 해당합니다. 두 번째 방식은 기존 시가지를 재생시킨다는 점에서 첫 번째 방식과는 다른데요. 첫 번째 방식인 신도시를 건설한다는 것은 수평적으로 점점 확대되는 개념이라면, 두 번째 방식은 점점 더 도시가 뾰족해진다고 볼 수 있습니다.

주택을 공급하는 첫 번째 방식

신도시 개발사업은 1970년대 이전까지는 토지구획정리사업이 주된 형태였습니다. 토지구획정리사업이란 사업을 시행하는 주체가 토지를 전부 사들일 여유가 없으므로 토지 소유주에게 다시 용도 변경된 토지를 돌려주는 환지 방식이었습니다. 즉 토지를 수용하여 수용된 토지주에게 보상금을 지급하는 대신 개발구역 내 조성된 땅_{환지}을 주는 토지보상 방법을 말합니다. '환지 방식'이라는 용어가 매우 중요한데, 지금도 이렇게 환지 방식의 개발사업이 진행되곤 합니다. 환지 방식을 했던 그 당시만 해도 우리나라는 돈이 너무 없었기 때문에 민간 소유주의 땅을 수용할 재원도 부족했습니다. 그러니 용도 변경을 해서 환지된 땅으로 종전 소유한 만큼의 가치를 보상해주겠다고 한 것입니다. 그럼 종전에 100의 면적을 보유한 농지가, 주거용지로 용도 변경이 되면서 평당 가치가 10배 상승했다면, 종전 면적 대비 10분의 1만큼을 주거용지로 원(原)소유주에게 제공하고(환지), 정부는 나머지 면적을 주거용지로 확보할 수 있었습니다.

특히 6.25 전쟁이 끝난 1960년대 이전에는 한국도 유럽처럼 신속한 주택 공급이 필요했습니다. 그래서 우리나라 역시 주택지구 마련을 위해 당시 1934년 일제강점기 때 만들었던 조선시가지계획령을 참고로 토지구획정리사업을 펼칩니다. 이때 1937년부터 1945년까지 총 17제곱킬로미터 면적에 총 10개 지구인 돈암지구, 영등포지구, 대현지구 등이 건설됩니다.

이후 1960년대는 경제개발 5개년 계획의 추진과 함께 토지구획정리사업이 20개 지구로 면적도 63제곱킬로미터로 대폭 확대됩니다. 1970년대에도 토지구획정리사업은 14개 지구 49.6제곱킬로미터 면적으로 확대됩니다. 이 시기는 화곡 일원, 마포아파트, 동부 이촌동의 공무원아파트 등 신도시나 대규모 아파트 단지가 개발되었습니다. 이 사업들은 이후에도 이어져서, 1970년을 전후하여 이제다 알 만한 한강맨션(1970년, 주공아파트), 여의도 시범아파트(1970년, 서울시) 등으로 이어졌습니다.

1972년에 민간의 주택건설을 촉진하는 주택건설촉진법이 수립되었고, 강남지역에 대한 개발을 활성화하기 위한 임시조치법 등이 제정되면서 현재의 강남권이 이때 개발되었습니다. 특히 1976년에는 개발자에게 아파트 단지 건설을 의무화할 수 있도록 도시계획법 상에 '아파트지구'라는 개념이 들어가면서 '아파트지구 제도'가 시행됩니다. 이후 1970년대 말이 되면서 토지구획정리사업은 강동/개포/가락/양재 등을 끝으로 역사의 뒤안길로 사라집니다.

이 바통을 이어받은 것이 바로 택지개발 방식입니다. 택지개발 방식은 이른바 '전면 수용' 방식을 말합니다. 택지를 개발할 신도시 지역을 지정하면, 국가가 일제히 사들이는 방식을 말합니다.

이 방식은 택지개발촉진법을 통해 가능해졌는데요. 도시의 주택난을 해결하기 위해 주택을 건설하는 데 필요한 택지의 취득, 개발, 공급 및 관리를 쉽게 하도록 1980년에 제정되었습니다. 이 법은 2014년 한때 박근혜 정부에서 폐지될 뻔했으나, 살아남았고 이후 2020년 들어서도 3기 신도시를 건설하는 근거법이 되고 있습니다. 그만큼 수명이 길고 강력한 법이라는 의미가 되겠죠. 그리고 이제 국가가 환지가 아닌 토지를 수용할 만큼 돈이 많아져서 민간으로부터 소유권을 완전히 사들일 재력이 생겼다는 것을 의미했습니다.

토지구획정리사업과 같은 환지 방식 사업은 현재 도시개발사업이라는 형태로 현 시대에 맞게 재편되기도 했습니다. 가령, 과천 지식정보타운 사업의 경우 도시개발사업인데요, 이 사업은 토지주인 시행사가 신도시를 조성한 다음에 환지로 일부 면적을 되돌려주었습니다. 즉, 지금도 환지 방식과 전면 수용 방식이 공존하고 있습니다.

주택을 건설할 때 어떤 방식으로 하느냐는, 당연히 몰라도 문제가 없습니다. 부동산 시장에서 가장 관심이 있는 것은 어디가 가격이 더 오르고 덜 내릴지 하는 문제이니까요. 그런데 이런저런 근본적인 사업 특성을 알다 보면 어떤 주택 단지를 누가 어떻게 공급하는지 알게 되고 그로 인해 추가로 얻을 수 있는 정보가 적지 않습니다. 가령 공공택지인지 도시개발사업인지 등은, 뒤에서도 다루겠지만, 청약 신청자격 등과 관련한 정보로 이어집니다. 또 토지이용계획도는 해당 도시가 자족도시인지로 이어지므로, 부동산의 입지적·환경적 가치를 결정짓는 데 영향을 줍니다.

주택을 공급하는 두 번째 방식

기존 시가지를 재개발하는 방식입니다. 기존 시가지들은 크게 주택용지와 비주택용지로 구분되어 있습니다. 주택용지는 말 그대로 그 위에 주택이 세워져 있겠죠? 또 오래된 주택일 겁니다. 그래서 그 오래된 주택을 새로 건설하는데, 그 방식은 대표적으로 주택재건축, 주택재개발이 있습니다. 다만 주택재건축, 주택재개발에 해당하지 않는 형태의 재생사업도 많은데, 이런 사업들은 가로주택사업, 소규모 재건축사업, 주거환경개선사업, 지역주택조합사업 등 다양한 이름으로 불리고 있습니다. 여기서부터는 주택 시장에 관심이 있는 사람이라면 관심 있게 지켜봐야 하는 사업 구분들입니다. 왜냐하면 각 방식에 따라서 적용되는 제도가 달라지기 때문입니다.

기존 시가지 중 주택용지가 아닌 지역, 예를 들면 노후 상가를 새롭게 바꿀 수 있겠죠? 이렇게 상업지역을 새로 바꾸는 사업을 도시환경정비사업이라고 부릅니다.

기존 시가지를 재개발하는 방법과 신도시를 짓는 방법 중 어떤 방식이 사업주 입장에서 편리할까요? 아마도 신도시를 짓는 쪽이 사업주 입장에서는 좀 더 편리할 것입니다. 사업 주체도 공공일 때가 많고, 토지를 수용하는 법률도 강력해서 법률에 기반해서 사업을 신속하게 추진할 수 있기 때문입니다.

반면, 기존 시가지를 정비하는 재건축 혹은 재개발은 소유주가 분산되어 있고, 그 분산된 소유주들끼리 조합을 만들어서 중요한 안건들은 회의로 결정합니다. 그렇게 여러 규제나 제도들을 하나씩 하나씩 극복해가면서 사업이 진행됩니다. 그래서 흔히 정비사업을 창업에 비유할 정도로 어렵다는 것이 중론입니다.

또 하나의 특징이라면, 신도시를 건설하는 경우 주택의 수가 순증가를 하는데요, 가령 신도시로 10만 가구를 건설하면 10만 채 주택이 순증가합니다. 그런데 기존 시가지를 재생하는 재건축이나 재개발을 하면 종전의 노후주택이 멸실되고, 이후 새로 주택이 건설됩니다. 초반에는 오히려 주택이 멸실되고 건설되기까지 3년 이상 소요됨에 따라 불필요한 주택가격이나 전월세 가격에 변동을 불러오기도 합니다. 또 10채의 노후주택이 멸실된 경우, 12채 정도가 새로 건설되는데, 이 경우 이 사업을 전후하여 순증효과는 +2가 되는 것이죠. 물론 시작은 -10이고, 향후 +12가 건설되므로 건설되는 연도에는 공급 효과가 있지만, 지어지는 3년 이상의 기간 동안에는 기존 주택 수가 감소하면서 오히려 공급 감소 효과가 있다는 것이 기존 시가지 재개발 방식의 특징 중 하나입니다.

지금까지 주택을 건설하는 방식과 특징을 살펴보았습니다. 각 방식의 특징과 해당 방식을 사용할 때 발생하는 현상 등을 잘 정리해 두면 부동산 시장을 더 깊이 있게 볼 수 있습니다.

코로나19는 주택 수요에
어떤 영향을 미칠까요?

코로나19 이전에는 마천루가 솟아 있는 도심에서 살아가는 삶을 지향해왔습니다. 그런데 코로나19로 인해 재택근무, 언택트, 온택트가 익숙해지면서 원하는 주택에 대한 기준이 달라지고 있습니다. 다양한 설문조사에서도 이를 알 수가 있는데요. 미국은 보다 확실하게 주택 수요의 변화가 나타난 곳입니다. 코로나 기간에 단독주택의 수요가 급증했고, 반대로 공동주택에 대한 수요가 급감했습니다. 미국의 온라인 부동산 정보업체인 질로우 대표 리치 바튼이 한 언론사와 나눈 인터뷰에서 한 말입니다(《조선비즈》, 2020.8.10).

"부동산 시장의 대격변 시대가 이제 막 열렸다. 이미 일상이 됐기 때문에 딱히 부연 설명할 필요가 없지만, 미국인들은 이제 매일 집에서 평균 9시간을 보낸다. 이 사실이 대대적인 개편의 신호탄이 될 것이다."

한국은 어떻게 될까요? 이 주제에 대해서는 여러 전문가의 의견이 갈리고 있는데요. 다만 단독주택은 이전보다 인기가 한층 높아지리라 생각됩니다. 과거보다 집에서 보내는 시간이 늘어나는 만큼 '가구' 개념이 더 들어갈 수밖에 없기 때문입니다. 이런 변화는 주택에서만 일어나는 것이 아닙니다. 여행업계에서는 낯선 사람들을 모아서 함께 여행하는 패키지에서 점차 가족 단위로 개별화된 여행이 대세가 될 것으로 내다보고 있습니다.

여행업계가 조사한 수요를 보면, 사람들의 변화 양상을 어느 정도 추정할 수 있습니다. 코로나 이후 고객들의 요구는 크게 4가지입니다.

1. 깨끗하고 사적인 공간에 대한 니즈needs 상승.
2. 한적한 외곽으로의 여행 추구.
3. 서로 가치 있는 연결 추구.
4. 근거리 여행 추구.

이는 부동산 시장에서 주택에도 시사하는 바가 있는데요. 사람들은 더욱더 가정에서 보내는 시간이 많아지는 시대를 살게 될 것이고, 깨끗하고 사적인 공간에 대한 요구가 늘어나며, 동시에 단절이 아닌 연결을 원한다는 것이죠. 또 집에서 해야 하는 기능들이 점점 더 추가되는데, 가령 재택근무가 더 활성화되면서 집 안에는 일할 수 있는 별도의 공간이나 인테리어 설계가 요구될 것이고, 이런 것들이 잘되어 있는 주택에 대한 수요가 올라갈 것입니다.

이런 부분을 고려한다면 도심 내 단독주택의 인기나 도시 외곽의 깨끗한 단독주택의 인기는 이전보다 확실히 올라갈 것 같습니다. 외곽은 상대적으로 넓은 면적의 토지를 활용할 수 있기 때문입니다. 다만, 외국에서 일어나는 부동산 선호도 변화와 달리 우리의 아파트 시장이 큰 영향을 받지 않았던 것은 이미 도시와 단절되어 존재하는 '단지식 아파트'이기 때문입니다. 주거 수요의 변화는 물리적(넓은 집, 새집, 다양한 공간 구조) 수요와 비물리적(자연, 교통, 교육, 생활 등) 수요로 나타나며 진화합니다. 주거 수요의 변화를 예상하면서 거주지나 거주할 주택을 선택해보세요.

부동산 시장의 사이클은
어디서 비롯될까요?

"부동산, 죄송합니다. 너무 미안합니다. 올라서 미안하고 국민을 혼란
스럽게 하고 한 번에 잡지 못해서 미안합니다. 하지만 이번에는 반드
시 잡힙니다. 왜냐하면 옛날에 채택하지 못했던 모든 강력한 정책들을
이번에 다 채택했습니다. 이제는 정말 투기가 빠져나갈 데가 없습니다.
(…) 민간 공급이 위축되지는 않을 것입니다. 만약 그렇게 되면 공공부
문이 위축되는 만큼 더 짓겠습니다."

2007년 신년연설에서 노무현 대통령이 부동산 가격 급등에 대해
사과한 내용입니다. 참여정부는 2001~2007년의 대세 상승장의 중
반부터 공급정책으로 선회했습니다. 대규모 공급을 가능하게 하는
것은 신도시였기에 참여정부는 5년간 수도권에 연 30만 호를 공급

할 수 있는 총 50제곱킬로미터의 신도시를 지정했습니다. 이때 지정한 신도시들이 2기 신도시로, 현재의 동탄1-2, 위례, 파주 운정, 인천 검단, 평택 고덕국제, 김포한강, 광교 등입니다.

그러나 이런 택지 공급에도 불구하고, 과거와 달리 충분히 빠른 속도로 진행되지 못했습니다. 1990년대에 일산, 분당과 같은 신도시는 계획 발표부터 분양과 입주까지 만 2년이라는 시간 안에 이뤄지며 초고속으로 신도시를 건설할 수 있었습니다.

2000년대 들어와서는 국토계획법, 환경영향평가, 광역교통대책협의, 관계 부처와의 협의나 지자체와의 협조 등 민주주의와 사회의 발전에 따라서 과거와 같이 정부 주도로 밀어붙이는 식의 개발이 어려워지면서 시간이 오래 걸리게 되었습니다. 4~6년 이상이 소요될 것으로 예상되었지만 실제로 2기 신도시가 건설되는 데 10년 이상이 걸린 지역도 있습니다.

공급에서 가장 중요한 요소 중 하나가 공급하기까지 걸리는 '시차'입니다. 부동산 수요와 공급의 시차는 부동산이라는 상품을 공급하는 데 드는 리드타임lead time으로 인해 필연적으로 발생합니다. 아파트를 짓는 데 따르는 기간이 약 3년은 필요하기 때문입니다. 단독주택이라면 1년 안에 지을 수도 있지만, 아파트가 중심인 한국의 주택 시장에서 아파트 건설은 3년 이상 걸리므로, 아파트 선호 현상이 주택 공급의 비탄력성을 더 높여버리고 말았습니다.

어떤 의미에서 부동산 공급은 3년을 내다보는 장기계획이 필요합니다. 좀 더 길게 보자면 5~10년의 장기계획에 따라서 부족함 없이 건설되도록 기반구조를 잘 짜야 한다는 말입니다. 그만큼 수요와 공급의 균형을 잡기가 쉽지 않게 되었습니다.

보다 근본적인 문제도 있습니다. 정부 주도로 신도시를 공급한다고 해도 '과잉으로' 공급되기에는 어려운 점이 있습니다. 훗날 과잉 공급을 했다고 평가받으면 그 결과가 매우 혹독할 수 있기 때문입니다. 그래서 늘 그렇듯 공급과잉은 민간의 영역에 해당합니다. 민간은 잘될 것 같으면 급격히 공급을 늘리고, 그렇지 않으면 급격히 줄이곤 합니다.

주택 시장도 마찬가지입니다. 주택 시장에서 활황기와 불황기를 지나는 수요 변화에 잘 대응하려면 탄력적으로 택지나 주택을 공급할 수 있는 구조를 갖춰야 합니다.

이제 주택의 공급과 토지의 공급을 나눠서 생각해봅시다. 한국은 주택의 공급에서는 공공과 민간 모두 굉장히 발달되어 있습니다. 그런데 토지의 공급에서는 신도시든 구도심이든 택지 공급을 제대로 할 만한 주체가 민간 쪽에서는 별로 없습니다. 민간은 소규모 택지 사업만 하며 도시개발사업이 중심입니다. 거대한 신도시를 민간이 만든다는 것은 자본력이나 규모 면에서 매우 어렵습니다. 가령 1개 신도시에 약 6만 가구 정도 들어간다고 할 때, 6만 가구를 6억 원으로만 잡아도 총 36조 원이나 되는 초거대 프로젝트가 됩니다. 동시에 상가 등 도시기반시설도 건설되어야 하므로 이 규모도 수조 원에 이르고요. 즉 수십~수백조 원에 이르는 초거대 사업인 신도시 사업을 민간 시행사가 과연 할 수 있을까요? 그래서 민간은 주로 주택 공급을 전담하게 되고, 공공이 택지 공급을 전담하는 구조로 주택 시장이 이어져 왔습니다.

그런데 바로 이 점이 부동산 시장에서 주기적으로 강세 시장을 만드는 배경으로 작용하는 것 같습니다.

> 우리나라는 주택 부문에 대한 규제가 다양하고 강력한 나라 중 하나다. 실제로 신규 아파트 분양가 규제 및 평형 규제, 재건축 관련 다양한 규제, 주택거래에 대한 규제 등은 다른 나라에서 볼 수 없는 규제들이다. (…) 주택 생산의 핵심 요소인 택지 공급은 공공부문에 의해 좌우되며, 민간의 역할은 소규모 택지개발에 국한되어 있다. 이러한 문제들로 인해 주택 공급이 수요 변화에 탄력적으로 대응하기 어려우므로 간헐적인 집값 상승의 중요한 원인이 되고 있다.
> -김경환 외,『재산권.규제.주택 시장』(2008년)

택지 공급이 원활히 이뤄져야만 적절한 주택 공급이라는 어려운 목표를 달성할 수 있습니다. 그런데 과거부터 토지를 공급하는 주체가 공공에 제한되어 충분한 토지 공급이 이루어지지 못했습니다. 그로 인해 주택 수요가 증가할 때 탄력적으로 대응하기 어려웠고, 이는 주기적으로 강세장이 나타나는 원인이 되었습니다.

해법은 무엇일까요?

첫째는 토지의 공급 주체를 민간으로 확대하는 것입니다. 신도시 개발의 경우 도시 개발이 있고, 구도심은 주택재건축과 재개발이 있죠. 여기서 도심 내 비주거용지가 주거용지로 전환되는 것 역시 주거용 토지의 공급이라는 점이 간과되고 있습니다. 준공업시구를 포함해 준주거지역, 혹은 공공택지 등을 통해 도심 내 토지 공급이 늘어나도록 제도화하는 방안이 있습니다.

둘째는 주택가격이 오를 때만 택지개발을 하는 것이 아니라, 주거종합계획에 맞춰 장기적이고 지속적으로 해나가야 합니다.

결국 주택가격은 토지의 문제입니다. 토지 공급을 늘릴 때, 또 공급 가능한 토지가 충분할 때 시장은 안정화될 것입니다.

집값이 오를지
내릴지 알고 싶어요

부동산 관련 책을 쓰고 애널리스트로 일하면서 가장 많이 받는 질문 중 하나가 "이번에 부동산 가격이 오를까요, 내릴까요?"입니다. 부동산 가격이 오를지 내릴지에 대한 질문은 아마도 인류가 존재하는 한 영원히 반복되지 않을까요.

사람들은 이 질문에 두루뭉술한 답보다는 확실하고 단정적인 답을 듣고 싶어 합니다. 그러나 세상에 확정적인 것은 없다는 것이 더 확정적이듯이, 단정적 전망보다는 이런저런 상황에서는 오를 가능성이 크다, 혹은 저런 상황에서는 내릴 가능성이 있다 정도로 시장을 바라보는 것이 좀 더 적절합니다. 원하는 답변은 아니겠지만요.

주택가격과 관련하여 상관성이 높은 거시적 지표나 정책 효과의 영향에 관한 연구는 상당한 수준으로 이루어져 있습니다. 먼저 부동산 가격은 거시적 측면에서 보자면 크게 3가지 지표와 연계해서 움직입니다.

1. 경제성장률을 보여주는 GDP

GDP(국내총생산)가 상승한다는 의미는 그 나라의 경제가 성장한다는 것과 같고, 그건 자연스럽게 자산 시장도 그만큼 상승한다는 것으로 연결될 수 있습니다. 그리고 우리나라의 GDP는 계속해서 상승해왔고, 글로벌 GDP도 마찬가지입니다. 즉, 인류는 계속해서 부가가치를 창출하고 경제를 성장시키면서 발전해왔기 때문에, 평상시와 같은 조건이라면 경제성장에 따라서 자산 시장도 동반 상승하는 것이 거대한 흐름입니다.

평소에는 GDP가 주택가격에 미치는 영향이 크지는 않습니다. 매년 경제는 성장하기 때문입니다. 그러나 경제라는 것은 주기적으로 상승과 하락을 반복하고, 특히 경제위기가 왔던 시기에는 GDP가 가격에 매우 중요한 지표가 되기도 합니다. 1997년 IMF 경제위기나 2008년 전후의 글로벌 금융위기가 발생했을 때, 이 시기를 전후로 국내 주택 시장도 상승 일변도에서 하락으로 전환하거나, 5년 이상의 횡보를 경험하는 등 상당히 진정된 국면을 보이기도 했으니까요.

2. 금융 시장, 즉 대출로 대표되는 유동성 환경

대출을 받아서 주택을 매수하려 한다거나 혹은 대출을 받아서 투자하고 이를 통해 사업을 한다거나, 혹은 대출을 받고 흥청망청 쓴다거나 하는 등 미래의 현금흐름을 지금 활용하는 것이 대출입니다. 대출은 인간의 본성과도 연결되어 있습니다.

중요한 것은 대출을 손쉽게, 또는 낮은 금리로, 혹은 원리금 상환이 아니라 거치식으로 등 다양한 조건으로 받아서 주택 시장에 추가로 유동성을 공급한다면 그 시장은 통화 현상으로 자산 가격이 상승하곤 합니다.

2010년부터 2020년까지, 전 세계적으로 이뤄진 유동성 완화 정책을 떠올려보면 쉽게 이해할 수 있습니다. 실물경제와 무관하게 금융 시장과 부동산 시장이 유동성 공급의 힘으로 지난 10여 년간 쉬지 않고 상승해왔습니다. 2021년경이 되어서야, 물가상승이 조금이나마 보이기 시작하고, 금리를 높일 수도 있는 환경이 되어간다

◆ 양적 완화

중앙은행이 통화를 시중에 직접 공급해 경기를 부양하는 통화정책.

는 말과 함께 시중금리가 상승하는 현상이 나타났습니다. 그 이전에는 제로금리 혹은 마이너스금리까지 시장금리가 내려갔으며, 물가상승을 만들기 위한 무제한적 양적 완화*가 이어져 왔습니다.

우리 나라 역시 대출 증가율이 눈부실 정도입니다. 특히 2014년 7.24 부동산 대책을 통해서 금융 규제가 완화되어, 종전 LTV* 50%

◆ LTV

----

loan to value ratio의 약자
로, 주택가격 대비 대출할
수 있는 최대한도를 말한다.
LTV 대출 비율이 60%라면,
3억짜리 아파트를 구매할 때
빌릴 수 있는 금액은 1억 8
천이 된다.

에서 70%로 대출한도가 증가하면서, 주택담보대출 총액도 2013년 9조 원에서 2014년 36조 원으로 4배 가까이 증가한 바 있습니다. 이후 가계대출은 지속해서 증가했고, 2020년에는 전 금융권에서 가계대출이 112조 원 증가하며, 2019년 56.2조 원, 2018년 75.2조 원과 대비해서 상당한 증가 폭을 보였습니다.

3. 주택의 수요와 공급

GDP나 금융 시장은 비교적 모든 시장에 영향을 미칠 만한 이슈인 데 비해서, 주택의 수요공급은 주택 시장 자체이므로 좀 더 주택 가격에 결정적 변수이기도 합니다. 중요한 점은 주택의 수요는 구매력이 뒷받침되었을 때 나오고, 구매력은 결국 소득과 대출, 또 자산 매각과 같은 데서 이뤄지는 현금흐름의 합으로 나타난다는 것이죠. 이 때문에 자산 시장이 전체적으로 상승했을 때, 주택의 구매력도 높아질 수밖에 없고, 반대로 자산 가격이 하락할 때는 구매력 위축도 나타납니다.

소득은 이보다 근본적인데요, 경제가 좋아지고 실업률이 낮아지고 물가가 오르면서 급여도 오른다면 수요가 올라가지만, 그 반대 상황일 때는 또 반대로 작동합니다. 주택의 수요량에 대해서 앞서 가구 수요, 소득 수요, 멸실 수요가 있다고 했는데, 이것이 구매로 연결되려면 구매력이 뒷받침되어야 한다는 점이 중요합니다. 또 이는 최근에, 미래의 구매력을 당겨서 쓰거나 혹은 '영끌(영혼까지 끌어모아 대출을 받는다는 의미의 신조어)'로 대표되는 자본집중을 하게 된다면 단기간의 수요는 매우 폭증할 수가 있고, 이로 인해서 자산 가격의 앙등도 충분히 나타날 수 있다는 점입니다.

주택 공급은 앞서 살펴본 것처럼, 시차가 수년에 이를 정도로 길 수밖에 없어서 당장의 수요 급증에 대비하기는 어렵습니다. 다만, 지속적이고 안정적인 택지 공급 기반 속에 탄력적 주택 공급 제도가 존재한다면 시장의 불안에 그때그때 대응할 수 있겠지요. 문제는 그 해법을 알더라도 현재의 우리나라는 그렇지 않다는 점이죠.

이상의 점들을 요약해보면, 주택 시장을 움직이는 거시적 변수는 잘 알려진 대로 경기, 유동성, 수요공급에 민감하다는 것을 알 수 있습니다. 지극히 상식적인 결론일 수도 있습니다. 그러나 유동성의 조절, 수요와 공급에 나타나는 변화와 같은 것이 시장 가격에 영향을 미치는 변수일 수 있다는 점에서 경제와 관련된 지식을 꾸준히 늘려가는 것이 부동산을 공부하는 정석입니다.

- **입지:** 부동산 가치의 핵심이라 할 수 있는데 자연환경, 교통, 생활편의, 도심 접근성, 교육환경 등의 요소로 평가됩니다.

- **인구 감소와 부동산:** 2020년 우리나라에서 첫 인구 감소가 시작되었고, 인구 감소에 따라서 자연스럽게 주택 수요도 낮아질 것으로 예측해왔습니다. 그러나 2020년에는 가구 수 분파가 61만 가구로 사상 최대였고, 주택의 수요 단위가 가구인 만큼 주거 수요는 1인 가구, 2인 가구 등을 중심으로 상당한 강세로 나타났습니다. 이는 주택가격이 상승하는 원인으로 지목되었습니다. 일본에서 총인구가 감소한 후 약 10년이 지나자 총 가구 수가 감소하기 시작했으므로 우리나라도 약 2030년을 전후로 가구 수가 감소할 수 있다는 전망이 있습니다. 다만, 가구 수는 경제적, 사회적 요인 등에 따라 변동 가능성이 커서 인구수 전망처럼 가시성이 높지는 않습니다.

- **주택의 수명:** 주택도 사람처럼 수명이 있고 생애주기가 있습니다. 주택의 수명이 다하는 것을 '멸실'이라고 하며, 멸실주택 수는 2010년에는 6.2만 호에서 2018년 11.5만 호로 약 2배 수준으로 증가했습니다. 국내 주택의 노후화나 재정비 기간을 고려할 때 2020년대에는 평균멸실 15만 호 이상이 지속될 수도 있습니다.

- **주택의 공급:** 주택을 공급하는 방법은 2가지로, 신도시를 건설하거나 기존 도심을 재정비하는 방법이 있습니다. 신도시의 경우 1970년 이전에는 토지구획정리사업이라는 형태로 토지주에게 용도를 변경한 토지를 일부 되

돌려주는 환지 방식이 주류였고, 1980년 이후 택지개발촉진법을 제정하면서, 민간 토지주들의 토지를 모두 사들이는 수용 방식의 신도시 개발로 변화했습니다. 3기 신도시도 택지개발촉진법에 근거하고 있으며 수용 방식입니다. 기존 도심 재정비의 경우 주택재정비는 현재의 주택재건축, 주택재개발 등으로 발전되었고, 비주택 지역 재정비도 다양한 형태로 전개되고 있습니다. 기존 도심 재정비의 경우, 주택을 멸실하고 건축공사를 진행한 후 주택에 입주하기까지 시차가 물리적으로 3년 이상 걸리며, 이 기간 동안 주택 수가 감소하는 효과가 있어서 단기적으로는 주택 공급을 위축시키고 거주자들이 이전하면서 매매/임차 시장에 영향을 줍니다.

• **주택가격:** 주택가격은 GDP 성장률과 같은 거시경제적 환경과 대출 및 이자율 등을 포함한 금융환경, 또 주택의 수요와 공급적 요인에 영향을 받습니다. 특히 주택 공급과 수요의 시차가 존재함으로써 주택 시장의 가격은 주기적 특성을 보여왔으며, 장기적으로는 GDP 성장과 함께 자산 가격의 상승도 수반되어왔습니다. 2000년대 초 976조 원이던 국내 주택 시가총액은 2019년 5,060조 원으로 약 5배 이상 성장하였습니다. 중간에 2008~2013년의 글로벌 금융위기 이후 5년간 주택 시장의 침체기가 있었고, 이를 극복하는 과정에서 2014~2015년의 부양 정책이 사용되었으며, 주택의 수요와 공급, 유동성 측면을 다루는 내용이 발표된 바 있습니다. 2017년부터 주택가격 상승률이 가팔라짐에 따라 시장 안정화 정책들을 사용하고 있으며, 한국은 오랜 기간 주택가격에 따라서 활성화와 안정화 정책을 번갈아가며 사용해왔습니다.

PART

3

부동산 정책과
시장의 오묘한 관계

부동산 시장의
보이지 않는 손?

지난 50여 년간 부동산 정책은 주택 시장에 매우 거대한 영향을 주었습니다. 마찬가지로 주택가격으로 대표되는 주택 시장도 정책에 영향을 많이 미쳤습니다. 가격이 급등하면 안정화 정책을, 하락하면 부양 정책을 펴는 것이 수십 년간 반복돼오면서, 부동산 시장을 조금이라도 경험한 사람들은 '상황이 바뀌면 정책도 바뀐다'라는 생각으로 기다릴 줄 알게 되었습니다. 이른바 정권은 유한하고 시장은 무한하므로 시간의 편에 선다는 것이죠.

그 때문에 주택 시장 상황에만 초점을 맞춰 오락가락하는 정부 정책은 불신을 낳을 수 있습니다. 그것이 설령 부양책이든 안정화 정책이든, 정부 정책이 정권에 따라서 혹은 상황에 따라서 계속 달라질 거라는 인식이 크다면, 이는 언젠가 큰 원리나 원칙이 없는 시장의 특성상 돌이킬 수 없는 수준의 경제적·사회적 문제를 불러올 수 있습니다.

100미터 달리기에 비유하자면, 선수들은 맞바람이든 뒤바람이든 100미터를 달린 후 기록을 재고 승부를 가립니다. 그런데 맞바람이 세다고 5미터 앞에서 출발하게 한다거나, 뒤바람이 분다고 뒤로 5미터를 물러나 출발하게 한다면 그것은 100미터 육상경기가 될 수 없겠죠. 즉, 100미터 육상경기라면 100미터를 달린다는 원칙이 육상에 존재하니까 지금까지 육상경기가 이어져 온 것이죠. 이를 부동산 시장에 비유하자면 어떤 정권이든지 지켜야 하는 부동산 정책의 원칙이 있어야 부동산 시장과 정책도 유지된다는 의미입니다.

건설경기를 살리기 위해서 지난 50여 년 동안 정부가 내놓은 정책이 바로 부동산 시장 부양책들이었습니다. 가장 대표적인 건설경기 침체기가 1997년을 전후하여 IMF 외환위기 때였습니다. 이러한 위기가 찾아오자 경기 부양을 목적으로 정부가 내놓은 대책은, 1999년까지 분양가 상한제* 전면 자율화, 양도세 한시적 면제, 분양권 전매 허용, 토지거래허가제 및 신고제 폐지, 택지소유상한제 폐지, 민영아파트 재당첨 제한 기간 폐지, 무주택자 우선 공급제도 폐지와 같은 것들이었습니다.

이런 정책들은 건설사나 시행사를 직접 보

> ♦ **분양가 상한제**
> 아파트 분양가격을 표준 건축비에 택지비(땅값)를 더해 정한 후 그 가격 이하로 분양하게 하는 제도.

조하는 형태는 아닙니다. 가령, 코로나19 위기로 영업환경이 어려워진 소상공인에게 직접 보조금을 주는 형태가 아니라, 국민에게 재난소득을 지급해 소비를 진작하여 소상공인의 매출을 올리는 식의 간접적 대책입니다. 무주택자 우선공급제도 폐지와 같은 것들은 집을 이미 소유한 사람들이 더 많이 소유할 수 있도록, 즉 다주택 가구들을 더 많이 양산해서 주택가격을 올리고, 그로 인해 주택경기가 부양되도록 하는 대책들입니다. 양도세 한시적 면제와 같은 것도 같은 선상에 있습니다.

> "양도소득세를 우선 대폭 인하하되, 궁극적으로는 폐지하는 방향으로 세제를 개편해 오는 4월 임시국회에서 입법화할 방침입니다."
> ─이정무 건설교통부 장관(1998년 3월)

부동산 가격이 급등하면 규제, 세금, 공급정책 등을 통해서 시장을 진정시키고자 노력합니다. 경제가 침체하면 대표적으로 고용이 많이 창출되고 자산 시장도 상승시킬 수 있는 주택 규제 완화를 통해서 건설과 주택 시장이라는 두 마리 토끼를 잡고자 했던 것이 정부의 생각이었습니다. 이른바 냉탕과 온탕을 왔다 갔다 하는 이런 형태의 정책은, 결국 '기다리면 된다', '부동산 불패 신화' 같은 말만 남겼습니다.

2010년 이후 지금까지 10년간을 뒤돌아봐도 같은 모습을 찾을 수 있습니다. 2011년부터 시작된 서울 주택가격 하락과 경기 침체를 극복하기 위해서 2006~2007년 힘들게 구축했던 주택 시장 안정화 정책들을 2013년부터 하나씩 풀기 시작하더니 급기야 2014년에는 모든 규제를 푸는 쪽으로 나아갑니다.

현재의 분양가 상한제 자율화는 2014년 12월 말 국회를 통과해 2015년부터 시행되었습니다. 2013년에는 5년간 한시적 양도세 100% 감면이라는 파격적인 혜택을 주며 다주택자의 주택 구입을 독려하고 시장을 부양했습니다. 2014년 9.1 대책에서는 박근혜 정권 동안 추가적인 신도시를 아예 지정하지 않겠다고 공급을 제로 수준으로 낮추는 정책을 발표하고 신도시를 통한 공급수단을 막기에 이릅니다. 또 구도심 재건축과 재개발 활성화를 위해서 재건축의 연한을 40년 기다려서 할 수 있었던 것을 30년만 기다리면 할 수 있도록 10년이나 연한을 단축함으로써, 노후화된 아파트들을 좀 더 신속히 재건축할 수 있게 하여 정비사업을 통한 조합의 기대이익을 높여주었습니다. 어떤 결과를 불러왔을까요? 당연히 이는 곧바로 주택가격 폭등으로 연결되었습니다.

2015년부터 전국적으로 주택 시장 강세장이 펼쳐졌으며, 가격만 상승한 것이 아니라 국내 건설 수주액이 2014년 110조 원에서 2015년 158조 원으로 당시 기준 역사상 최대 규모를 기록했습니다.

그렇게 극적으로 부양된 건설경기는 건설 인력들이나 장비, 자재비 상승으로 연결되었고, 이는 국내 건설과 인테리어업 호황으로 이어 졌습니다. 게다가 점차 집을 꾸미고 집에서 보내는 시간이 늘어나 는 시대적 분위기가 되면서 2015년 이후 건설 수주액 규모가 지속 해서 160조 원을 넘어섰습니다. 건설업은 국내 GDP와 고용에 사상 최대 규모의 비중을 차지하고 있습니다.

통상 건설업이란 후진국이 중진국이 되는 기간에 발전하고 규모 가 커지는 산업입니다. 중진국이 되기 위한 도로/항만/공항/업무시 설/주택 등 다양한 건축물을 짓는 과정에서 건설경기가 활성화되지 요. 그리고 후진국으로 갈수록 주식 시장에서 은행과 건설업이 차지 하는 시가총액 비중이 큰데요, 이는 이런 형태의 정부 주도 사업에 서 초기에는 은행 등 금융기관의 역할이 크다가 점차 제조업과 서 비스업이 탄생하면서, 시가총액 1위 자리를 제조업 혹은 서비스업 에 내주게 됩니다.

요즘 '서학개미'라고 해서 전 세계 GDP 1위 국가인 미국의 주식 시장에 투자하는 국내 투자자들이 많아졌습니다. 혹시 이 글을 읽으 면서 머릿속에 떠오르는 미국의 대표적인 건설사가 있나요? 혹은 들어는 봤나요? 아마도 없을 겁니다.

건설업의 비중은 선진국이 될수록 내려올 수밖에 없습니다. 우리 나라는 그 비중이 GDP의 5~6% 수준을 유지하다가, 2015년 이후부터는 GDP의 8~9% 수준으로 오히려 높아지면서 다른 나라에서는 유례를 찾기 힘들 정도로 건설업 비중이 상당히 높은 편입니다.

이 모든 것이 주택 때문이냐? 그것은 아닙니다. 우리나라는 개방 경제를 지향하며, 수출 중심의 경제이고, 국내 제조업의 근간이 반도체/화학/자동차/배터리 등 제조산업이다 보니, 이들 산업이 활성화되면 산업적인 투자, 즉 CAPEX*가 증가하고 이 과정에서 건설 수주액이 증가합니다.

그런데 건설 수주액에서 주택이 차지하는 비중이 45% 이상으로 높은 만큼 주택 시장이 건설산업 분위기를 좌우하기 때문에 정책을 통해서 주택 시장을 쥐락펴락할 수 있는 정부는 늘 인기에 영합하기 위해서 주택 시장 활성화 정책을, 과열되면 안정화 정책을 펼쳐왔던 것입니다.

> ◆ CAPEX
> ---
> 풀어서 Capital Expenditure 이며, 미래의 이윤을 창출하기 위해 지출한 비용을 말한다. 시장에서는 설비투자를 포함하여 기업체가 본업을 위해 투자하는 것을 통칭한다.

다음 표는 『대한민국 부동산 40년』(국정브리핑 특별기획팀, 한스미디어)과 졸저 『대한민국 부동산 지난 10년 앞으로 10년』의 내용을 총합하여 1967년부터 2021년까지 발표된 모든 대책을 한눈에 일별할 수 있게 정리한 것입니다. 특히 정책이 시장가격에 어떤 영향을 주었는지에 초점을 두었습니다. 시대에 따라 어떤 부동산 정책이 발표되었는지 찬찬히 살펴보는 시간이 되길 바랍니다.

지난 50년간 진행된 주요 주택정책

연도	주요 정책	내용	정책 특징
1967	부동산 투기 억제에 관한 특별 조치법(11.29)	서울, 부산 등 대통령령이 정하는 지역 토지양도 차익 50% 과세	안정화
1978	부동산 투기 억제 및 지가 안정을 위한 종합 대책(8.8조치)	양도소득세 개편(30% → 50%) 재산세(공한지세) 개편	안정화
1980	경제 활성화 대책(9.16)	양도소득세 5~20% 인하 대단위 서민 주택 건설	활성화
1980	부동산경기 활성화 대책 (12.13)	양도소득세 탄력세율 도입	활성화
1981	주택경기 활성화 조치(6.26)	양도소득세 완화 분양가 통제 일부 해제	활성화
1982	부동산 등 당면 경제 대책 (1.14)	양도소득세 탄력세율 적용 시한 연장 주택자금지원 및 주택금융 개선 주거지 토지형질 변경제한 완화	활성화
1982	경기 활성화 대책(5.18)	취등록세 30% 감면 미분양주택 공급 대상 확대	활성화
1982	주택 투기 억제 대책(12.22)	분양가 차등화, 청약제도 개선 전매금지 기간 2년으로 연장	안정화
1983	부동산 투기 억제 대책(2.16)	특정 지역 양도소득세 실거래가 과세표준 적용 부동산 소개업 허가제 채권입찰제 시행(25.7평 이상)	안정화
1983	토지 및 주택 문제 종합 대책 (4.18)	택지 공급 확대(목동 지역) 양도소득세 탄력세율 적용시한 단축	안정화
1983	부동산 투기 억제 종합 대책 (9.5)	서울, 수도권 특정 지역 고시 개인별 토지보유실태 조기 전산화	안정화
1985	부동산 투기 억제 대책(5.20)	종합토지세제 도입(1986년 하반기) 기업 비업무용 토지 합산 누진과세 100평 이상 대형주택 재산세 중과	안정화
1985	고용안정 및 주택 건설 촉진 방안(9.5)	공공과 민간의 토지공동개발 유도 분양가 지역별 차등제 건축 규제 완화, 주택금융 확대	활성화
1986	주택경기 촉진 방안(2.12)	1가구 2주택 양도세 면제 기간 연장(1.6년→ 2년) 국민주택기금 지원 대상 확대	활성화
1988	부동산 종합 대책(8.10)	1가구 1주택 비과세 요건 강화 양도세제 개편(누진과세) 종합토지세 조기 실시(1992년 → 1990년)	안정화

1989	긴급 부동산 투기 억제 대책 (2.4)	대도시 주택 공급 확대 부동산 거래질서 확립 분당, 평촌 등 5개 신도시 건설	안정화
	토지공개념 3법 제정(12.30)	토지초과이득세법 택지소유상한법 개발이익환수법	안정화
1990	부동산 및 전월세 안정 대책 (2.16)	임대료분쟁조정신고센터 설치 전세금 부담 인상 5년간 소급 과세	안정화
	부동산 투기 억제 대책(4.13)	등기 의무화 도입, 증여세 강화 토지신탁제도 도입 다가구주택 건설 촉진	안정화
	부동산 투기 억제와 물가안정 을 위한 특별대책(5.8)	대기업의 토지 과다 보유 억제 비업무용 부동산 6개월 이내 처분 기업, 금융기관 부동산 신규 취득 억제	안정화
1995	부동산실명제 도입(3.30)	명의신탁약정 무효, 실명 등기 의무화	안정화
	부동산 시장 안정 대책(9.19)	기업 임원 6,000명 투기 조사 유휴지 과태료 부과, 강매매수	안정화
1997	부동산 시장 안정 대책(1.20)	수도권 주택 25만 호 공급 토지거래 허가구역 관리 15% 이상 땅값 급등지역 토초세 1년 단위 과세	안정화
1998	주택경기 활성화 대책(5.22)	분양가 자율화 양도소득세 한시 면제 토지거래허가–신고제 폐지 분양권 전매 한시 허용	활성화
	주택경기 활성화 자금 지원 방안(6.22)	분양주택 중도금 대출 재개발 사업 기금 지원	활성화
	건설산업 활성화 방안(9.25)	중도금 추가 지원 민영주택 분양가 자율화	활성화
	건설 및 부동산경기 활성화 대책(12.12)	민영주택 분양가 추가 자율화 양도소득세 한시 감면 범위 확대	활성화
1999	주택경기 활성화 조치(3.22)	재건축 가구당 2,000만 원 자금 지원	활성화
	서민 주거 안정 대책(5.31)	중소형 주택 공급 국민주택기금 금리 인하 중도금 대출, 전세반환자금 금리 인하 소형 주택 구입 근로자 국민주택기금 융자	활성화
	중산층 및 서민 주거 안정 대책(8.20)	임대사업 등록요건 강화 매년 임대주택 10만 호 건설 근로자 주택구입자금 지원 한도 상향	활성화
	주택 건설 촉진 대책(10.7)	민영 청약자격 완화, 재당첨 제한 폐지 청약예금–부금 취급기관 다변화	활성화

2000	주택 시장 안정 대책(1.10)	서민 내 집 마련 기회 확대(대출금리 인하) 서민주택자금 지원 규모 3조 원 확대	활성화
	주택 건설 촉진 대책(7.1)	국민주택기금 지원 대상 확대	활성화
	건설업 활성화 및 구조 개편 촉진 대책(8.29)	주택 구입 시 양도소득세 감면 임대주택 시장 활성화	활성화
	지방 건설 활성화 방안(11.1)	천안, 대전, 목포 3개 지역 신시가지 조성 비수도권 신축 주택 양도세 면제 주택채권 매입부담 감면, 취등록세 감면	활성화
2001	서민 주거 안정 대책(1.27)	매입임대사업자 보증 한도 확대	활성화
	서민 주거 안정을 위한 전월세 종합 대책(3.16)	전월세 서민 보증금 융자 지원 강화 임대사업자 세제, 금융 지원 확대	활성화
	건설산업 구조조정 및 투자 적정화 방안(5.23)	신축 주택 구입 시 양도소득세 한시 면제 국민주택 규모 취등록세 한시 감면	활성화
	임대주택 긴설 활성화 대책 (5.26)	공공택지 임대주택 공급비율 확대 등	안정화
	전월세 안정화 대책(7.26)	소형평형 공급 확대	안정화
	서민 주거생활 안정 대책 (9.14)	국민임대 3만 5천 호로 확대 수도권 매년 600만 평 공공택지 공급	안정화
2002	주택 시장 안정 대책(1.8)	투기자 세무조사 착수, 기준시가 상향 조정 등	안정화
	주택 시장 안정 대책(3.6)	투기과열지구 분양권 전매요건 강화 무주택세대주 우선 분양	안정화
	서민 주거 안정 대책(5.20)	전세자금 지원 대상 확대 2003년부터 10년간 국민임대 100만 호 건설 세입자 보증 한도 확대	안정화
	주택 시장 안정 대책(8.9)	안전진단 강화 등 재건축 기준 강화 재건축 아파트 자금출처 조사 양도세 감면 축소	안정화
	주택 시장 안정 대책(9.4)	수도권 특목고 교육여건 개선 수도권 2~3개 신도시 건설	안정화
	부동산 시장 안정 대책(10.11)	투기혐의자 국세청 통보 투기지역 양도세 실거래가 과세	안정화
2003	부동산 시장 안정 대책(1.15)	충청권 토지거래감사구역 지정 5년간 수도권 153만 호 공급, 보급률 100% 달성 수도권 신도시 후보지 상반기 결정	안정화
	부동산 가격 안정 대책(5.23)	분양권 전매 제한 부활 1순위 자격 제한 및 재당첨 제한 부활 수도권 투기과열지구 지정	안정화
	서민, 중산층 생활 안정 대책	국민임대주택 5년간 50만 호 건설	안정화
	서민, 중산층 주거 안정 지원 대책(9.3)	10년간 장기공공임대주택 150만 호 건설	안정화

연도	대책명	주요 내용	구분
2003	부동산 시장(재건축 아파트 가격) 안정 대책(9.5)	재건축 아파트 조합원 지분 전매 제한 재건축 중소형 60% 의무화 1가구 1주택 비과세 요건 강화	안정화
	주택 시장 안정 종합 대책(10.29)	1가구 3주택자 양도소득세 중과 종합부동산세 도입 투기지역 LTV 40% 강화	안정화
2005	수도권 주택 시장 안정 대책(2.17)	판교 일괄 분양 등 판교 투기 방지대책 재건축 안전진단 절차 강화	안정화
	부동산 가격 안정 대책(5.4)	1가구 2주택 양도소득세 실거래 과세 보유세 실효세율 단계적 인상 재건축 기반시설 부담금 부과	안정화
	서민 주거 안정과 부동산 투기 억제를 위한 부동산 제도 개혁 방안(8.31)	투기수요 억제 -2주택 가구 양도세 중과 -종합부동산세 가구별 합산, 6억 원 이상 대상 확대 주택 공급 확대 -2010년까지 연 30만 호 공급, 5년간 택지 4,500만 평 공급 거래 투명화 -실거래가 신고 의무화, 실거래가 등기부 기재	안정화
2006	서민 주거 복지 증진과 주택 시장 합리화 방안(3.30)	8.31 보완대책 주택거래신고지역 자금조달 계획 신고 재건축 개발이익 환수 및 투기 방지	안정화
	부동산 시장 안정화 방안(11.15)	2010년까지 수도권 164만 호 공급 신도시 택지개발 기간 단축, 분양가 인하	안정화
2007	부동산 시장 안정을 위한 제도 개편 방안(1.11)	투기지역 민간 분양가 상한제 및 원가 공개 투기지역 담보대출 1인 1건 제한 수도권 민간택지 주택 전매 제한 기간 확대	안정화
2008	수도권 내 공공택지 확대(8.21)	오산 세교신도시, 인천 검단지구 면적 확대	안정화
	국민 주거 안정을 위한 도심 공급 활성화 및 보금자리주택 건설 방안 추진(9.19)	10년간 매년 50만 호 공급 기반 마련 공공분양/임대를 모두 '보금자리주택'으로 통합 150만 호 추가 공급계획	안정화
	가계 주거 부담 완화 추진(10.21)	1세대 1주택의 이사 목적 신규 주택 취득 시 종전 1년 내 처분에서 2년으로 연장	활성화
2009	주택청약종합저축 신설(2.12)	청약저축에 예금과 부금 기능을 더한 주택청약 종합저축 신설 재당첨 제한 한시적 폐지	활성화

2011	부동산 종합 대책(3.22)	DTI 규제 완화 폐지 생애 최초 주택 구입 자금 연장 취득세 감면 분양가 상한제 폐지	활성화
	부동산 종합 대책(5.1)	건설사 PF에 대한 구조조정과 유동성 지원	활성화
	부동산 종합 대책(8.18)	주택거래 활성화로 분양권 전매 제한 기간 완화 수도권 임대주택사업자에 대한 세제 지원 요건 완화	활성화
	부동산 종합 대책(12.7)	분양가 상한제 폐지 및 규제 완화 투기과열지구 해제 다주택자 양도소득세 중과 폐지 재건축 초과이익부담금 부과 중지 청약제도 개선 생애 최초 주택 구입 자금 지원 확대	활성화
2012	부동산 대책(9.10)	양도소득세: 미분양주택, 5년간 100%(2012년 말) 취득세 50% 감면(2012년 말)	활성화
2013	부동산 대책(4.1)	5년간 양도세 면제: 미분양과 신규 분양주택(신축) 기존 주택 양도소득세 면제(9억 원 이상 고가 주택과 중대형 주택은 배제) 다주택자 주택 매입 후 5년 이내 임대 시 양도세 중과 한시적 면제 분양형 보금자리주택 공급 축소(10년 70만 호 → 20만 호)	활성화
2014	주택임대차 시장 선진화 방안(2.26)	준공공 임대사업 세제 지원 강화(재산세 및 소득, 법인세 감면 확대) 준공공 임대사업자 3년 내 신규 구입 시 양도소득세 면제 임대소득 과세 방식 정비	활성화
	부동산 대책(7.24)	주택담보대출 한도 완화(LTV 50% → 70%)	활성화
	규제 합리화를 통한 주택 시장 활력 회복 및 서민 주거 안정 강화 방안(9.1)	재건축 연한 완화(최장 40년 → 30년) 85제곱미터 이하 민영주택 청약가점제를 2017년 1월부터 지자체 자율 운영으로 전환, 청약통장 일원화 그린벨트 해제지역 전매 제한, 거주 의무 기간 단축 택지개발촉진법 폐지 2017년까지 LH 공공택지 지정 중단	활성화
2016	실수요 중심의 시장 형성을 통한 주택 시장의 안정적 관리 방안(11.3)	서울 전 지역, 경기·부산 중 일부 지역, 세종시 등을 '청약조정지역'으로 지정	안정화

2017	주택 시장의 안정적 관리를 위한 선별적, 맞춤형 대응 방안 (6.19)	청약조정지역 확대(경기 광명, 부산 기장, 부산진구) 전매 제한 기간 강화 조정대상지역에 대해서 LTV/DTI 10%p씩 강화 (LTV 70% → 60%, DTI 60% → 50%) 재건축 조합원 주택 공급 수 최대 3주택에서 2주택으로 제한	안정화
	실수요 보호와 단기 투기수요 억제를 통한 주택 시장 안정화 방안(8.2)	투기지역 지정(서울 11개 구, 세종) 투기과열지구 지정(서울 전역, 경기 과천, 세종) 재건축초과이익환수제 시행 양도소득세 강화(다주택자 중과 및 장기보유특별공제 배제 다주택자 금융 규제 강화(투기지역 내 주택담보 대출 40%로 강화) 다주택자 임대등록 유도 청약제도 개편(1순위 조건 강화–투기과열지역 85제곱미터 이하 가점제 75% → 100%, 조정지역 40% → 75% 적용)	안정화
	집주인과 세입자가 상생하는 임대주택등록 활성화 방안(12.13)	임대주택 등록 시 지원 확대 　-지방세 감면 확대(2021년까지 취득세와 재산세 감면) 임대소득 감면 확대 　-1주택만 임대해도 감면 　-필요경비율 차등화 양도세 감면 확대 　-(8년 임대 시) 양도소득세 중과 배제, 장기보유 특별공제 70% 적용 종부세 감면 기준 개선 (합산배제) 5년 → 8년 임대 시 건강보험료 부담 완화 (4년 임대) 40%, (8년 임대) 80% 감면	활성화

2018	주택 시장 안정 대책(9.13)	(종부세)-고가 주택 세율 인상, 3주택 이상자, 조정대상지역의 2주택자 추가 과세 (다주택자) 2주택 이상 세대의 규제 지역 내 주택 구입 시 주택담보대출 금지, 조정지역 내 일시적 2주택자 양도소득세 비과세 기준 강화 (주택임대사업자) 조정지역 주택 취득 임대등록 시 양도세 중과, 종부세 과세 (주택 공급) 수도권 공공택지 30곳 개발 (조세정의) 종부세 공정시장가액비율 추가 상향 조정, 공시가격 현실화 추진	안정화
	수도권 주택 공급 확대 방안 (9.21)	3기 신도시 발표 -입지가 우수한 공공택지(30만 호) 확보를 2019년 상반기까지 완료해서 수도권 30만 호 추가 공급 신혼희망타운 조기 공급 도심 내 주택 공급 확대	안정화
2019	주택 시장 안정화 방안(12.16)	투기지역/투기과열지구 주택담보대출 관리 강화 -시가 9억 원 초과 LTV 강화(40% → 20%) -초고가(15억) 아파트 주택담보대출 금지 전세대출 이용 갭투자 방지책 양도소득세 보완 보유 부담 강화(종부세 세율 상향, 공시가 현실화 형평성 제고)	안정화
2020	수도권 주택 공급 기반 강화 방안(5.6)	2022년까지 서울 도심에 7만 호 부지 추가확보, 2023년 이후 수도권에 연평균 25만 호 + a 수준의 주택 공급 마련	안정화
	주택 시장 안정 보완 대책 (7.10)	생애 최초 특별공급 확대(국민주택 20%→25%, 85제곱미터 이하 민영주택 중 공공택지 15%, 민간택지 7%로 신설) (보유세) 법인 종부세 중과 최고세율 6% 적용 (양도세) 단기양도차익 환수로 1년 미만 70%, 2년 미만 60%로 상향 (취득세) 다주택자, 법인 대상 취득세 강화(2주택 8%, 3주택 12%) (재산세) 부동산신탁 시 납세자를 신탁사에서 원소유자로 변경 주택임대사업자제도 보완, 단기임대(4년) 및 장기일반매입임대(8년) 폐지	안정화

2020	규제지역 지정 및 실거래 조사/현장 단속 강화(12.17)	부산 9곳, 대구 7곳, 광주 5곳, 울산 2곳 및 파주, 천안, 전주, 창원, 포항 등 36곳을 조정대상지역으로 신규 지정 (조정지역) 서울 전체, 부산(기장군―중구 제외 전체), 대구(달성군 일부 제외 전체), 광주 전체, 울산(동구, 북구, 울주군 제외) 전체 등 전국 조정지역 111곳으로 확대	안정화
2021	공공 주도 3080 + 대도시권 주택 공급 획기적 확대 방안(2.4)	대도시권 83.6만 호 주택 공급 추가 계획 발표 공공 시행 정비사업, 신도시 추가 지정, 도심 공공주택 복합사업 등 사업모델 다양화	안정화

과거 부양책들이
말해주는 것들?

　우리나라는 1997년 IMF 외환위기를 맞은 후 2002년 월드컵을 치르기까지 경제위기를 극복하기 위해 온 국민이 똘똘 뭉쳐 대단한 모습을 보였던 것이 사실입니다. 저는 97학번으로 1997년 대학에 입학했는데요, 입학과 동시에 그해 말에 IMF 사태가 일어났고, 국가 부도라는 뉴스에 무척 충격을 받았던 기억이 있습니다. 건축학을 전공하는 공대생인 제 눈에 경제는 매우 어려운 분야였고, 뉴스에서 하는 말이 무엇을 뜻하는지 제대로 이해하기도 힘들었습니다.

　어쨌든 '국가가 부도났다'고 표현하는 IMF 위기가 어린 제 눈에나, 제 부모님 눈에나 미증유의 일이었다는 겁니다. 그리고 많은 주변의 집에서 IMF로 인한 실직이 잇따랐습니다. 제가 2004년 삼성물산이라는 건설회사에 입사하고, 2005년에 현장으로 발령을 받았을 때 3~4기수 선배들은 IMF 때 임시해고를 당했다가 2년 전에 복귀했다는 말을 들었습니다. 2000년대 초까지 이런 위기가 이어졌음을 알 수 있습니다.

IMF는 특히 건설업에 막대한 영향을 주었는데요, 왜냐면 건설업의 생리상 다 지어지지 않은 건축물을, 사전 분양을 통해서 자금을 조달하거나 금융기관 차입을 통해서 조달한 후에, 건물을 완공시키는 사업이기 때문입니다. 건물이 완공된다면 담보라도 받아서 대출을 받을 수 있지만, 건설 중인 자산으로는 사실상 대출을 받을 수 없으므로 현금흐름이 막힌 많은 대기업이 부도를 맞았습니다. 그 과정에서 건설사 역시 부도가 잇따랐습니다.

그러다 보니 IMF를 극복하는 과정에서 내놓은 여러 주택정책들은 따지고 보면 주택 시장 부양책이었습니다. IMF를 극복해야 한다는 명제는 대한민국에 당위적이었는데요, 어쩌면 이는 코로나19로 인해서 궤멸적 타격을 입은 국내 소상공인 혹은 여행업 등 대면 사업에 정부가 지원해주는 데 대해서 전 국민이 공감하는 것과 유사합니다. 문제는, 누구도 거스를 수 없는 경기 부양이라는 대세적 환경에서, 주택 시장 부양을 위해 나온 정책들이 안타깝게도 이른바 투기적 주택 시장을 만드는 정책이나 마찬가지라는 점입니다.

당시 부영그룹 이중근 회장이 "과거 투기 억제 수단으로 도입된 양도세는 이제 주택보급률이 100%에 육박하는 만큼 폐지되어야 한다. 집을 살 때 부담하는 취득세나 등록세도 주택업을 제조업으로 분류하여 감면해달라"고 주장할 정도였습니다.

그리고 2001년에 부양책이 또다시 나오게 됩니다. 2001년 5.23 대책으로 정부는 생애 최초 주택 구입자에게 집값의 70%까지 대출을 확대하고, 2001년 말까지 구입한 신축 주택에 대해서는 양도소득세를 면제, 취등록세는 50% 감면한다는 내용입니다.

2001년의 부양책은 마치 구입한 주택에 대해서 5년간 양노세 100% 감면한다는 2013년에 나온 부양책과 매우 유사합니다. 즉, 세제 혜택을 줌으로써 주택 취득을 늘려서 시장을 살린다는 발상이죠.

그래서 2001년은 주택가격 상승률이 본격적으로 높아지기 시작해 2002년에 집값 상승으로 나타납니다. 더불어 1998~2002년까지 IMF 위기 동안 주택 공급도 턱없이 부족했기 때문에, 늘어난 수요에 대비한 공급 부족까지 겹쳐 시장은 완전히 폭발하게 됩니다.

1970년대 말의 주택 시장 상승기와, 1980년대 말 주택 시장 상승기의 큰 특징이라면 경제호황과 주택 공급 부족이라는 거시적 요인을 중심으로 한 가격 상승이라는 점입니다.

반면, 2000년대 초의 상승은 이 2가지 외에 주택 시장 정책과 규제 완화 효과로 인해 추가적으로 상승했다는 점에서 차이가 있습니다. 안타까운 점은 2010년대 역시, 자연스러운 주택 시장 상승 여건

(경기 회복과 주택 공급 부족) 외에 정책적으로 주택 시장 부양책이 사용되면서 자연스러운 상승을 넘어 '오버슈팅overshooting'*이라고 부를 수 있을 만큼 과열로 이어졌다는 것입니다.

◆ 오버슈팅

상품이나 금융자산의 시장 가격이 일시적으로 폭등 혹은 폭락하는 현상을 일컫는다.

　　정책이 변화하는 데는 시장환경도 있지만, 선거나 기타 정치권의 변수도 존재합니다. 특히 지방선거 후보자들은 자신들의 표밭인 지방을 발전시키는 데 가장 티가 날 수 있는 것 중 하나인 건설업 정책을 떠들곤 합니다. 공항을 유치하겠다, 도로를 확장하겠다, 지하철을 건설하겠다 같은 말들이지요. 또는 주택 시장의 재산세를 감면하겠다, 재건축을 쉽게 만들겠다, 초과이익환수제를 없애겠다 등 다양한 선심성 정책을 내놓습니다. 자기가 사는 동네가 좋아질 것을 마다할 사람은 없으므로, 이런 형태의 정책들은 인기에 영합한 정책이 될 수밖에 없습니다. 그로 인해서 선거 기간에 혹은 선거를 전후로 상당히 많은 규제가 완화되어왔고, 선거 후에는 다시 강화된다거나 하는 등 선거가 이뤄지는 연도를 전후하여 '고무줄 정책'이 화두가 되곤 합니다. 이것이 한국 주택 시장과 정책의 역사를 보여주는 자화상이 아닌가 합니다.

　　선거 때마다, 정권에 따라, 시기마다 규제와 완화의 정도 차가 크다는 것은 정책의 연속성과 지속성에 대한 시장의 불신으로 이어집니다. 이것이 정책 50년의 역사입니다.

글로벌 금융위기 후
왜 부양책이 효과가 없었을까요?

    2007~2008년 글로벌 금융위기가 시차를 두고 유럽, 중국 등을 덮치면서 2010년대 초반까지 건설경기와 주택 시장 침체가 이어집니다. 이때 발표됐던 정부 정책 역시 적지 않았습니다. 2008년 2월 정부는 보금자리주택 공급을 발표합니다. 경제위기가 진행되는 과정에서 총 150만 호를 공급한다는 계획이니 대단한 규모였습니다. 게다가 당시 주택가격 상승세가 이어지고 있었습니다. 그러나 2008년 10월부터 정부 정책도 선회하여 활성화 정책으로 돌아섭니다. 청약종합저축을 신설하고 재당첨 제한을 한시적으로 폐지하며 수요를 촉진하지요. 이후 지속해서 규제 완화와 수요 촉진에 매진합니다.

    2011년 3.22대책에서 정부는 취득세 감면안, 분양가 상한제 폐지안(투기지역은 유지)을 들고나옵니다. 특히 9억 원 이하 1인 1주택의 경우 취득세를 2%에서 1%로 인하하고, 9억 원 초과 1인 1주택 또는 다주택의 경우에는 4%에서 2%로 인하합니다. 생애 최초 주택 구입 자금 대출의 경우 2011년 말까지 연장 합니다. DTI_{Debt To Income}*도 자율적으로 적용해 서울은 65%, 인천과 경기는 75%까지 확대하 게 됩니다.

◆ DTI

금융부채 상환능력을 소득 으로 따져서 대출한도를 정 하는 계산비율.

이후 2011년 5월과 8월에 추가적인 부동 산 대책을 연달아 내는데요, 특히 8월에는 주 택거래 활성화를 위해서 수도권(과밀억제권역)의 분양권 전매 제한 기간을 완화하게 됩니다. 당시 분양권 전매 제한 기간이 1~5년이었 는데, 이를 1~3년으로 낮췄습니다. 재건축 초과이익환수제도 완화 하게 됩니다.

그해 12월에는 주택 시장 정상화를 목표로, 분양가 상한제 폐지 와 규제 완화, 투기과열지구를 일제히 해제합니다. 또 다주택자의 양도세 중과도 폐지하죠. 아울러 재건축 초과이익환수제 부담금도 부과를 중지합니다.

이것만이 아닙니다. 같은 정책에서 토지거래허가구역도 해제합 니다. 뉴타운 기반시설 정비의 지원도 확대합니다. 아울러 생애 최 초 주택 구입 자금 지원을 확대하고, 취약계층에 전세임대 공급을 늘리고, 보금자리주택을 확대 공급합니다.

지금 시점에서 보면 신기할 정도로 부양책을 계속해서 냈음에도 불구하고 시장은 살아나지 않았습니다. 그동안 발표된 부양 정책만 보자면 너무 많아서 열거하기 힘들 정도입니다. 다주택자의 양도세 완화, 취득세 감면, 또 특정 연도의 경우 양도세 100% 완화, 분양권 전매 기준 완화, 토지거래허가제 폐지, 투기과열지구 폐지 등 사실상 사용할 수 있는 모든 부양책이 나온 듯한, 한마디로 부양책의 향연이었습니다.

그러나 이런 엄청난 부양책에도 불구하고, 주택 시장은 상승보다는 횡보 상태로 무려 5년 이상을 갑니다. 이유가 무엇이었을까요?

주택가격 결정요인 3가지(수요공급-유동성-경제) 중 공급이 여전히 상당한 규모로 계획되어 있었기 때문입니다. 그리고 그 공급의 핵심은 바로 MB 정부 때의 주택정책 핵심인 보금자리주택이었습니다.

보금자리주택 제도는 MB 정부가 추진한 주택정책의 총아였습니다. 10년간 총 150만 채라는 노태우 정부 시절의 200만 호 공급 대책에 버금가는 수준의 주택 공급 계획이었습니다. 무엇보다 보금자리주택 제도는 수도권의 신도시 개발을 촉진하는 형태였고, 임대주택의 공급을 넘어서 분양 70만 호, 임대 80만 호 등 분양과 임대를 혼합하는 방식을 채택함에 따라 민영주택 공급 주체들은 공공이라는 거대한 주택 공급 주체의 등장에 힘을 잃을 수밖에 없었습니다.

보금자리주택 제도는 신도시를 포함한 대규모 주택 공급 정책이었기 때문에 건설사나 건자재 또는 관련 서비스 인력의 고용 확대로 연결될 수는 있었지만, 주택 시장에는 주택 공급을 확대하여 가격을 안정화하려는 정책이었기 때문에 부정적 이슈로 받아들여졌습니다. 2008년 글로벌 경제위기와 2011년부터 유럽 재정위기가 만들어낸 세계적 경제 불황 속에서 150만 채를 공공에서 계속 공급할 경우 당연하게도 주택 수요 위축과 공급과잉이 동시에 찾아오기 때문입니다.

더구나 2008년 갑자기 멈춰버린 2기 신도시 사업 역시 사상 최대 규모의 택지 재고로 이어진 상태였습니다. 당시에는 2기 신도시가 본격적으로 추진되다가 급작스럽게 중단된 시점이다 보니, 주택 사업자들이 보유한 공공택지의 재고량도 정점을 찍던 시기였습니다. 즉, 집 지을 땅은 공공이나 민간 모두 넘쳐나는데, 경제는 불황인 상황이었던 겁니다.

보금자리주택은 2011~2013년에 본격적으로 준공되면서 시장에 영향을 주기 시작합니다. 그렇게 보금자리주택 공급 확대는 정부의 다른 많은 부양책과 엇박자를 내게 됩니다.

정부는 계속해서 부양책을 냈습니다. 2012년 9.10대책도 지금 보면 주택 시장을 살리기 위한 것임을 알 수 있습니다. 양도세 및 취득세를 감면하는 형태였으니까요.

양도세의 경우 미분양주택을 매수하면 5년간 100% 감면을 해줍니다. 2012년 말까지 구입한 경우에 한해서입니다. 이를 위해서 7,000억 규모의 재정을 지원할 생각도 하였죠. 2012년 12월 말까지 취득하는 경우 취득세도 50% 감면합니다. 그러나 어떤 정책도 먹히지 않았고, MB 정부는 박근혜 정부에게 정권을 이양하고 물러납니다.

다만 한 가지 사실은 확실하게 보여주었는데, 상당한 부양책에도 불구하고 공급이 늘면 가격이 안정화된다는 것이지요.

주택 시장
부양책의 끝판왕이라고요?

2013년 박근혜 정부가 들어섭니다. 주택 시장은 여전히 회복하지 못한 상태였고, 시장을 살리기 위한 정부 정책은 이어집니다.

이즈음 저는 건설과 부동산 애널리스트로 정부 정책과 시장의 관계를 분석하는 일을 했습니다. 당시 많은 시장 참여자들을 만나게 됐는데, 그들 대부분이 '부동산은 이제 완전히 끝났다'고 생각하고 있었습니다.

2020년대 말 당시 어떤 정부 대책이 나오더라도 시장 강세가 잡히지 않는다는 정부 정책 무용론과는 180도 다른 버전이었습니다.

당시에 시장 분위기는 피로감과 해도 안 된다는 무기력증이 만연했습니다. 우리나라는 무조건 일본을 따라갈 것이라는 마치 샤머니

즘적 사상이 존재했는데, 어떤 의미에서는 근거가 있었습니다. 즉, 2008년부터 2013년까지 6년 동안 수십 차례 계속된 부양책을 내놓았는데도 불구하고, 주택가격이 살아나지 않은 것이죠. 오히려 주변에는 부동산의 취득 시점보다 더 낮은 가격에 현 시세가 유지되고, 대출은 그대로이면서 대출 상환에 허덕이고, 자산 가격 하락에 지쳐가는 사람들이 많았습니다. 일본을 따라서 20년간 부동산 시장이 하락한다거나 하는 말이 괜히 나온 것이 아니라 부동산 시장이 활기를 잃어버렸던 탓입니다.

그런데 2013년에도 계속해서 활성화 정책이 발표됩니다. 아래가 4.1대책의 주요 내용입니다.

주택 공급물량 조절(보금자리주택)

주택 공급물량을 시장 상황과 수요에 맞게 적정한 수준으로 조절해나갈 계획이다.

– 공공분양주택은 기존 연 7만 호 → 2만 호로 축소하되, 60㎡ 이하 소형주택으로만 공급하고, 소득과 자산 기준을 강화하여 민영주택과 차별성을 높이기로 하였다. 수도권 그린벨트 내 신규 보금자리지구 지정을 중단하고, 기존 지구는 공급물량 및 청약 시기 등을 조정할 예정이다.

* 2013년 보금자리 청약 물량을 당초 1.6만 호 → 0.8만 호 수준으로 대폭 축소

– 이와 함께 시장수요를 감안하여 공공택지·보금자리지구 등의 사업계획을 조정하고,

– 민간부문의 공급을 탄력적으로 조정할 수 있도록 의무 착공 기간을 연장(2년 → 3년)하고, 공급과잉 우려가 큰 원룸형 도시형생활주택의 공급도 적정 수준으로 유도해나갈 예정이다.

2013년에 발표된 박근혜 정부의 첫 부동산 종합 대책이자 앞으로 발표될 모든 정책의 근간이라 할 4.1대책이었습니다.

4.1대책은 바로 공급물량을 조절하는 내용이 핵심이었습니다. 시장 부흥을 위해서는 공급량을 조절하는 것이 상식인데, 그 첫 공급량 조절이 보금자리주택으로 나온 것입니다. 보금자리주택의 공공분양주택을 연 7만 호에서 연 2만 호로 축소한다는 내용을 담았는데요, 보금자리 공공분양은 연 7만 호씩 10년간 총 70만 호를 누적 공급할 계획이었지만, 이를 축소해 연 2만 호씩 10년간 누적 공급하면 20만 호가 공급되겠죠. 50만 호를 줄인 것입니다. 그런데 이미 연 7만 호씩 3개년 공급이 완료된 상태였기 때문에 이러한 목표(20만 호 공급)는 당시 4.1대책이 발표되던 시점에 이미 달성된 상태였습니다. 그러니 자연스럽게 보금자리 공공분양은 4.1대책을 기점으로 끝나버린 것이죠. 그렇게 50만 호의 주택 공급 감소를 발표했습니다.

신규 보금자리주택지구 지정도 중단했습니다. 기존에 계획된 지구 등은 공급물량과 청약 시기를 이연시키는 내용이 포함되었습니다.

이뿐이 아닙니다. 부양책은 이어졌습니다.

무엇보다 유주택자, 혹은 다주택자들이 9억 원 이하로 신규 주택(분양) 혹은 미분양주택을 구입할 경우, 취득 후 5년간 양도소득세액을 '전액 면제'하는 내용을 발표했습니다. 이는 주택을 몇 채 구입하든 간에 미분양주택을 사기만 한다면 무제한 양도소득세가 면제되는 내용이었습니다. 이 정책을 활용해서 2013년에 대규모로 주택을 구입하고, 2018년 말에 매도하는 경우가 제 주변에서도 적지 않았습니다. 이처럼 정부가 대대적인 부양책을 펼칠 때 이를 적극적으로 활용한 세대가 있다는 점을 깨달은 계기가 되기도 했습니다.

4.1대책에서는 주택의 교체 수요를 지원하기 위해서 유주택자(1주택 이상)에게도 청약 1순위 자격을 부여하도록 청약제도를 개편하는 내용도 담겼으며, 2007년 9월부터 적용되던 청약가점제의 적용 대상을 85제곱미터 이하에만 적용하도록 하고 85제곱미터 초과는 폐지하였으며, 가점제 적용 비율도 75%에서 40%로 완전히 낮춰서 추첨 가능성을 더 높였습니다.

이외에 생애 최초 구입 자금을 확대하고 DTI 적용을 배제하는 내용이 포함되었습니다. 이자율 인하라거나 전세대출 확대라거나 주택 수요를 촉진하는 내용도 들어 있었습니다.

다음 해인 2014년에 이를 보완하는 7.24대책이 발표되었습니다.

7.24에서도 공공분양 인허가를 줄이고, 청약 물량도 줄일 것을 언급합니다. 계속된 공급감소의 신호를 준 것입니다. 이와 함께 무주택 수요뿐 아니라, 유주택자의 주택 수요를 끌어올려야 하므로 대출 규제도 완화합니다. 유동성은 주택가격 3대 변수의 큰 축이라고 앞서 이야기했습니다. 7.24에서는 그간 모든 은행권의 LTV가 50%

였던 것을 70%로 높입니다. 이 20%p의 차이가 훗날 엄청난 가계신용 증가의 시발점이 됩니다.

LTV는 'loan to value'의 약자로 담보가액인정비율이라고 풀어 씁니다. 가령 담보가액이 5억 원인 주택에서 대출을 2.5억 원을 받게 된다면 LTV는 50%가 됩니다. 당시 LTV는 전국 모든 은행, 모든 주택 기준 50%였는데, 이를 70%로 완화했기 때문에 같은 주택을 살 때 종전에는 2.5억 원까지 대출받을 수 있었다면 이제는 3.5억 원까지 대출받을 수 있게 됩니다. 그러면 자기자본이 종전에는 2.5억 원 필요하다가 이제는 1.5억 원만 있으면 주택을 살 수 있습니다.

LTV 완화는 특히 고소득 혹은 고자산가들에게 더욱 유리한 제도이기도 했습니다. 애초에 소득이 높아야 대출 상환이 쉽기 때문에 가계소득이 높을수록 대출을 더욱 많이 받는 특성상 대출 규제가 완화되자 고소득, 고자산계층에서 부동산을 추가로 취득하는 일이 벌어졌습니다. 결과적으로 이러한 변화로 인해서 가계의 구매력이 매우 높아지는 현상으로까지 연결됩니다.

2013년 4.1대책과 2014년 7.24대책이 발표되면서, 박근혜 정부가 부동산 부양을 꾀한다는 인식이 시장 전체에 퍼집니다. 다만 아직까지는 주택 시장이 완전히 살아난 상태는 아니었습니다. 여전히 미착공 프로젝트 파이낸싱PF으로 대표되는 2기 신도시용 토지 재고

가 쌓여 있었고, 시장에 만연한 불신(정부가 무슨 수를 쓰더라도 주택 시
장 부양은 불가능하며, 우리는 일본을 뒤쫓아가므로 20년간 장기 침체한다)이
있었기 때문입니다.

그러나 2014년 9.1대책이 발표되면서 주택 시장은 완전히 분기
점을 맞닥뜨립니다.

2010년대 대세 상승장의
원인이 뭔가요?

2014년 9월, 전국이 세월호 참사의 충격에서 헤어나오지 못하던 시기에 부동산 시장을 뿌리부터 흔들 만한 정책이 발표됩니다. 정책은 9월 1일 발표되었고, 이후 9.1대책으로 불리게 되었습니다. 이 대책의 주요 내용은 다음과 같습니다.

규제 합리화로 국민 불편 해소, 과도한 부담 완화 → 시장 활력 회복
- 재건축 연한을 완화(최장 30년)하고, 안전진단 시 주거환경평가 비중 강화
- 85㎡ 이하 민영주택에 대한 청약가점제를 '17.1월부터 지자체 자율 운영으로 전환하고, 청약통장도 일원화
- GB 해제 수도권 공공택지 내 전매 제한·거주 의무 기간 단축
- 택지개발촉진법 폐지, '17년까지 3년간 LH 공공택지 지정 중단

9.1 부동산 대책에서 첫 번째로 재건축 연한을 완화했습니다. 규제를 합리화해서 시장의 활력을 회복하겠다며 그 방법으로 재건축 연한을 완화하기로 했습니다. 종전에는 재건축 연한이 최장 40년이었습니다. 지어진 지 40년이 지나야 재건축을 추진할 수 있다는 의미입니다. 이를 30년으로 단축한 것이지요. 또 안전진단이 어려워 추진하지 못하는 단지들이 많았는데, 안전진단 점수제도 개편하여 손쉽게 진단을 통과할 수 있게 했습니다.

두 번째는 85제곱미터 이하의 민영주택의 청약가점제를 지자체 자율 운영으로 변경했습니다. 청약통장도 일원화시켰고요.

세 번째로는 그린벨트를 해제한 수도권 공공택지 내에서 전매 제한과 거주 의무 기간을 단축했습니다. 네 번째 내용이 가장 충격적입니다. 정부가 주택 공급을 조절하기 위해 택지개발촉진법을 폐지하기로 한 것입니다. 그리고 2017년까지 한시적으로 LH의 공공택지 지정을 중단한다고 밝혔습니다.

이 중 택지개발촉진법의 폐지를 주장하면서 정부가 발표한 근거를 보면 다음과 같습니다.

추진 배경
- 과거에는 주택난을 해소하기 위해서 공공이 주도하여 도시 외곽에 대규모 택지를 공급해왔으나,
- 도시의 외연 확대로 인한 사회적 비용이 발생함에 따라 도시재생 등을 통한 도심 내 주택에 대한 수요가 커지고 있는 상황이다.

- 이제는 기존에 개발한 공공택지 여유 물량이 충분하고, 주택에 대한 수요가 변화하는 점을 감안하여,
- 대규모 택지 공급이 아니라 지역 실정에 맞는 중소 규모의 다양한 택지개발을 유도하고자 하였다.

주요 내용

- 첫째, 대규모 택지 공급시스템인 '택지개발촉진법'을 폐지하고, 2017년까지(3년간) LH의 대규모 공공택지 지정을 중단한다.
- 택지개발촉진법 폐지 이후에는 공공주택법 및 도시개발법을 통해 중소형 택지 위주로 개발한다.

이와 같은 배경으로 택지개발촉진법을 폐지하고 2017년까지 대규모 공공택지 지정도 중단한다고 발표했습니다.

재정비(재건축/재개발) 분야 규제 완화도 매우 중요한 변화였습니다. 도심 내 소형주택, 임대주택 등 신규 주택 공급에 차질이 발생한다는 점과 직주근접이 가능하고 생활의 질이 높은 도심 내 주택 수요가 높아지는 상황이어서 재정비 사업을 활성화할 필요가 있다고 판단했습니다.

주요 내용

• 첫째, 준공 후 20년 이상의 범위에서 조례에 위임된 재건축 연한(서울시는 최장 40년)을 최장 30년으로 완화한다.

- 둘째, 재건축 연한 도래 후 생활에 불편이 큰 경우에는 주거환경 평가 비중을 강화(예: 15% → 40%)하여 재건축할 수 있도록 안전진단 기준을 합리화한다. 연한 도래와 관계 없이 구조적 결함이 있는 경우에는 구조 안전성만으로 재건축 여부를 결정한다.
- 셋째, 수도권 과밀억제권역 내 재건축 시 85㎡ 이하 건설의무(세대수 기준 60% 이상, 연면적 기준 50% 이상) 중 연면적 기준은 폐지한다.
- 넷째, 서울시 등 일부 지자체가 공공관리제를 의무화하면서, 시공사 선정 시기도 사업시행인가 이후에만 할 수 있도록 제한하고 있으나, 공공관리제를 공공지원제로 변경하고, 토지 등 소유자 과반수가 원할 경우 사업시행인가 이전에도 시공사를 선택할 수 있도록 한다.
- 다섯째, 재개발 사업 시 임대주택 의무건설 비율 중 연면적 기준을 폐지하고, 세대수 기준 의무건설 비율을 5%p 완화한다.
- 여섯째, 안전진단 통과 후 10년 이상 경과한 사업장으로서 사고 우려가 있는 경우 안전진단을 재실시하여 등급을 재조정하는 등 안전사고 우려 주택에 대한 관리를 강화한다.

이 정책은 당장은 영향을 많이 미치지 않더라도 2015년부터 시작된 재건축과 재개발 붐의 단초 역할을 합니다. 향후 주택 준공 연도 후 최대 40년이 걸리던 재건축이 30년으로 단축되었고, 초창기 재건축의 가장 큰 허들이라 할 안전진단 점수제도 구조 안전성 40%를 구조 안전성 20%로, 주거환경 15%를 주거환경 40%로 높이는 등 구조적 문제보다는 주차나 층간소음과 같은 문제가 큰 아파트 단지라면 쉽게 재건축할 수 있게 했기 때문입니다.

또한 주택재개발에서 임대주택 의무건설 비율 중 연면적 기준을 폐지하고, 세대수 기준도 5%p 완화한다고 했는데요, 이는 초소형

주택을 배치하고 이후 나머지 주택들은 중대형으로 건설할 수 있도록 하여 주택사업 이윤이 개선되는 효과로 이어졌습니다.

9.1대책은 청약제도도 대대적으로 손을 봤습니다. 종전의 다주택자들에 대한 감점제가 폐지됩니다. 그동안 무주택자에게 집중되었던 청약 기회를 유주택자 혹은 다주택자에게도 준다는 내용입니다.

2014년 9.1 부동산 종합 대책은 앞서 주택가격의 원칙인 주택의 수요공급, 국내 경기, 금융여건의 3요소와 연관 지어서 볼 때, 어쩌면 가장 중요한 정부의 역할 중 하나인 주택 공급을 현저히 감소시키는 정책이었습니다. 도심 내 주택 공급의 핵심인 정비사업을 촉진하는 형태의 정책을 낸 것은 이를 보완하는 내용으로 보이지만, 문제는 정비사업을 통해서 주택이 멸실하게 되는 3~5년간의 기간에는 오히려 주택 수가 감소함으로써 더욱 주택 부족 문제가 대두될 수밖에 없었습니다.

9.1대책 발표 이후 주택 시장은 정책 효과와 함께 또 양호한 거시경제적 환경과 유동성 등에 힘입어 상승을 이어갔습니다. 이 시점이 바로 2008년 글로벌 금융위기 이후 약 6여 년간 이어진 주택 시장 불황기를 극복하는 변곡점이었습니다.

주택임대사업자 제도란 무엇이고 왜 알아야 하나요?

많은 직장인이 건물주가 되거나 주택임대를 통해서 월세를 받는 은퇴 이후의 삶을 꿈꿉니다. 그래서 큰 빌딩은 아니더라도 꼬마빌딩에 대한 관심이 커졌습니다. 주택을 여러 채 임대하면서 월세를 받고 싶다면 주택임대사업자 제도에 대한 이해가 필수입니다.

주택을 임대하고 이를 구청과 세무서에 등록한 사람 또는 기업을 주택임대사업자라고 합니다. 구청에 등록하는 것은 해당 사업을 한다는 사실을 알리는 행위이고, 세무서에 등록하는 것은 주택임대업에서 나오는 소득이나 세제 관련 혜택을 받기 위해서입니다. 주택임대업도 '업業'이어서, 사업자등록을 한다고 보면 됩니다.

주택임대사업은 개인 명의로도 얼마든지 등록할 수 있고, 회사에 다니면서도 할 수 있기 때문에 직장인 중에서도 주택임대사업자 등록을 한 분들이 적지 않습니다. 꼭 전업으로 주택임대업을 해야 하는 것이 아니라, 구청과 세무서 자격 기준을 충족하면 됩니다.

그런데 구청과 세무서에 따로따로 가서 등록하려면 여간 번거로운 일이 아닙니다. 2018년부터는 임대등록시스템인 렌트홈Rent home 사이트가 개편되면서 주택임대사업자 등록이 간소화되었습니다. 렌트홈은 임대사업자의 등록뿐 아니라 임대주택 현황 등 다양한 정보를 제공하고 있습니다.

임대주택사업자 제도는 언제 어떻게 시작된 걸까요? 현재의 주택임대사업자 제도는 2014년 '민간임대주택에 관한 특별법'을 신설하면서 등장했습니다. 그전에도 주택임대사업자가 없는 것은 아니었지만, 현재의 제도는 그때부터 시작되었습니다.

당시는 2008~2013년을 거치면서 주택의 매매가격이 큰 폭으로 조정받고, 이후 만성적인 약세장에 진입한 시점이었습니다. 사람들은 주택가격이 일본을 따라 20년간 장기 하락할 가능성이 크다고 믿고 주택을 매입하지 않는 분위기였습니다. 너 나 할 것 없이 전세나 월세를 선택하면서 임차료가 주택가격의 90%에 육박하는 일이 전국에서 발생합니다.

임차료가 큰 폭으로 상승하면서 자연스럽게 임차료의 상승률을 제한할 수밖에 없었는데, 제한하는 만큼 임대인에게 혜택을 주자고 도입한 제도가 주택임대사업자 제도였습니다. 매년 임차료 상승을 5% 이내로 제한하되, 8년 이상 임대를 한다면 주택을 매각할 때 양도소득세 70%를 감면해주고, 그 기간에 종합부동산세를 배제하는 등의 혜택입니다.

이런 배경으로 주택임대사업자 제도가 새롭게 정비되어 등장했는데, 이것이 부동산 투기에 활용됩니다. 주택가격 상승기에 전세가가 높은 만큼 적은 현금으로 전세를 안고 주택을 매입해(이른바 갭투자) 주택임대사업자로 등록하는 것입니다. 8년이 지나면 양도세 혜택을 받고, 보유 기간에는 종부세 합산 배제를 받을 수 있으니 보유 부담도 없어집니다. 그러자 갈수록 전세를 안고 주택을 사는 다주택자들이 늘어나기 시작하면서 그 흐름이 2018년에는 특히 가팔라집니다. 2018년에는 한 해 동안 주택임대사업자 수가 20만 명, 임대주택도 40만 호 이상 등록되면서 부동산의 투기수요화가 촉진되었음을 볼 수 있었습니다.

정부는 주택임대사업자 제도를 2018년 9.13대책을 발표하면서 대대적으로 손을 봅니다. 2018년 9월 13일 이후에 주택을 신규로 취득하는 경우(조정지역 내에서), 종합부동산세 합산 배제 혜택을 없앤 것이죠.

그러나 조정지역만 아니면 괜찮았기에, 또 법인을 세워서 주택임대사업자로 등록할 수도 있었기에 여전히 주택임대사업자 제도를 활용한 부동산 투기는 그 후로도 2년간 기승을 부립니다.

정부는 2020년 7월 10일 부동산 정책을 발표하면서, 주택임대사업자 제도를 완전히 손을 보게 되고, 개인이 아파트를 매입해서 주택임대사업 등록을 할 수 없도록 합니다. 그리고 기존에 등록한 주택임대사업자들도 만기가 끝나는 대로 자동 말소되도록 해서 추가 혜택을 더 연장할 수 없도록 했습니다.

즉, 지금은 개인이 특정 지역의 아파트를 매수하고 주택임대사업자로 등록하는 것이 원천적으로 불가능합니다. 그런데 이 주택임대사업자는 이런 형태만 있는 것이 아닙니다. 커다란 빈틈이 여전히 존재합니다.

주택임대사업자 제도는 그 대상물이 주거 유형별로 나뉩니다. 그리고 임대 기간에 따라서 단기(4년)와 장기(8년)로 나뉘어 있다가 현재는 장기(10년)만 존재합니다. 또 부동산을 '매입'하는 경우와 '건설'하는 경우로 나뉘고, 해당 주택을 공급하는 주체로서 '공공' '공공지원', '민간' 등 3개로 구분됩니다. 그러면 이런 조건들을 결합해서 총 몇 가지 방식의 주택임대사업자가 나올까요?

주택임대사업자 형태

(주거 유형별) 다세대주택, 단독주택, 오피스텔, 연립이냐

(공급 유형별) 매입이냐 건설이냐

(사업 주체별) 공공이냐 공공 지원이냐 민간이냐

그럼 총 5 × 2 × 3 = 30가지 방식의 주택임대사업자 형태가 나옵니다.

정부는 이 30가지 주택임대사업자 형태 중 '민간-아파트-매입형-장기'만 없애고, 나머지 29가지 방식은 여전히 유지해놓은 상태입니다. 예를 들어 오피스텔을 주거용으로 매입하고 주택임대사업자로 등록할 수 있을까요?

답은 할 수 있다는 것이죠. 왜냐하면 '민간-오피스텔-매입형-장기' 형태의 주택임대사업자는 유효하니까요. 그래서 실제로 오피스텔(아파텔)에 투자한 후 주택임대사업자로 등록하는 경우는 지금도 매우 많습니다.

또 아파트라 하더라도 '건설형'은 가능합니다. 즉, 집을 사서 주택임대사업자로 등록하는 것은 안 되지만, 직접 지어서 등록하는 것은 됩니다. 이때 건설은 주로 기업체와 같은 대형 사업자가 주로 사용하는 방식입니다.

단독주택을 매입해서 주택임대사업자로 등록할 수 있을까요? 가

능합니다. 아파트가 아닌 주거 유형에 해당하기 때문입니다.

주택임대사업자는 보유세와 양도세 특례를 적용받으며 임대 기간 중의 소득에 대한 과세 특례도 받고 있어서, 다주택자에게 매우 활용도가 높은 선택지입니다. 아파트-매입형에 대해서만 주택임대사업자가 사라졌다는 점은, 반대로 아파트-매입형만 아니라면, 가령 주택-매입형이라거나 오피스텔-매입형 혹은 주택-건설형 등 다양한 형태의 주택임대사업자는 여전히 가능하다는 이야기입니다. 거기에는 혜택이 많아서 투자수요가 이를 활용한 투자로 옮겨간 것이 2020년 하반기부터의 흐름이었습니다.

우리나라 주택 시장의 특징은 민간 임차 시장을 개인이 99% 이상 공급하고, 총 임차 시장에서는 80% 이상을 공급한다는 것입니다. 이런 특징을 고려했을 때 주택임대사업자는 임차 시장을 관리하기 위한 목적으로 도입될 만한 제도입니다. 그러나 과거 주택 시장 침체기에 도입된 특혜를 주택 시장의 기조나 분위기가 달라졌음에도 계속 유지해오고 있다는 점에서 훗날 다주택 투자자가 가장 애용하는 제도로 변해버립니다.

정권이 바뀔 때마다
정책이 바뀐다고요?

　주택가격은 주택의 수요와 공급 동향, 국내 경제, 대출 등과 같은 금융환경의 영향을 받아 가격이 오르내립니다. 여기에 가속과 감속을 할 수 있는 핵심이 정부의 부동산 정책입니다. 정부가 지난 50여 년 이상 부동산 시장을 상대로 부양책과 억제책을 썼고 실제 정책의 영향이 컸음은 이미 앞선 정책의 정리와 가격 동향을 통해서 확인할 수 있었습니다.

　2000년대 주택 시장의 시작은 어땠을까요? 2000년대는 1998년 IMF 위기극복을 위한 부양책을 순차적으로 사용했습니다. 1998년 5.2대책을 통해 분양가 자율화, 양도소득세의 한시적 면제, 토지거래허가제와 신고제를 폐지하고, 분양권 전매를 허용했습니다. 그리고 한 달이 지나자 곧바로 주택경기 활성화 자금 지원 방안을 발표하며 분양주택의 중도금 대출제도를 시행하고, 재개발 사업의 경우 기금을 지원하도록 했습니다. 9월에도 추가 부양책을 내놓는데요, 9월은 중도금을 추가로 지원받을 수 있도록 하고, 민영주택의 분양가를 자율화합니다. 그해 12월 12일 발표된 12.12대책에서는 민영주택의 분양가 자율화 범위를 확대하고, 양도소득세 감면 범위 역시 확대하는 형태의 정책을 냅니다.

1999년에도 부양책을 써야겠죠. 재건축 가구당 2,000만 원의 현금을 지원하면서 요즘 시대에 볼 법한 자금 지원 정책을 사용했습니다. 주택건설 촉진 대책이라고 10월 7일에 민영주택의 청약자격을 완화하고, 재당첨 제한도 폐지하였으며, 청약예금이나 부금의 취급기관을 다양화하면서 주택 수요의 기반을 확대했습니다.

2000년에도 안정화 대책과 활성화 대책을 동시에 내놓았는데요, 1.10대책은 서민의 내 집 마련 기회를 확대하기 위해서 지원 규모를 늘렸고, 반대로 8.29 산업 활성화 정책에서는 주택 구입 시 양도소득세를 감면하는 등 임대주택 시장을 활성화하는 정책을 발표한 바 있습니다. 2000년에는 천안, 대전, 목포 지역에 3개의 신시가지를 조성하였고, 비수도권의 경우 신축 주택의 양도소득세를 완전히 면제해주는 파격적인 대책도 내놓았습니다.

2001년이 되자 주택가격은 연간 9.9% 상승했고, 2002년에는 16.4% 상승하게 됩니다. 그래서 2001년부터 안정화 정책들을 복합적으로 사용하게 됩니다.

2001년에는 공공택지 임대주택의 공급 비중을 높이고, 소형 평형을 의무 공급하도록 제도를 개선하였으며, 수도권에 매년 약 600만 평의 공공택지를 공급할 것을 발표하며 공급 대책의 포문을 열게 됩니다.

2002년에는 이미 주택 시장이 완전히 강세장이 된 후인데, 이때부터는 규제책을 다시 내게 됩니다. 투기자들에 대한 세무조사 착수(1.8대책), 주택의 기준시가를 상향하는 대책을 발표하였지요. 또 투기과열지구 내 분양권의 전매조건을 강화하였고, 무주택세대주 우선 분양을 시행하게 됩니다.

서민 주거 안정을 위해 '국민임대주택 10년간 100만 채'라는 임대주택 공급 확대 방안도 발표했습니다(5.20대책). 주택 시장 안정 대책으로 안전진단 강화 등 재건축 기준을 강화하였고, 재건축 아파트 매수자의 자금 출처를 조사하였으며, 양도세 감면 역시 축소하게 됩니다(8.9대책).

이후 수도권에 추가로 2~3개 신도시를 건설하겠다고 공약하고, 투기 혐의자는 국세청에 통보하고 투기지역 양도소득세를 실거래가로 과세하는 정책을 펴게 됩니다.

2003년은 어땠을까요? 2003년엔 많은 사람이 기억하는 10.29대책이 있는데요, 이 정책은 1가구 3주택자의 양도소득세를 중과하고, 종합부동산세를 도입한 정책입니다. 또 투기지역의 경우 LTV를 40%로 강화하였습니다. 아울러 판교를 일괄 분양하도록 하고, 투기방지책을 내놓았으며, 재건축 안전진단의 절차를 추가로 강화했습니다. 그러나 2003년에도 주택가격은 5.7% 상승하고, 2005년에도 4%, 2006년에도 11.6% 오릅니다.

2005년에는 8.31 부동산 종합 대책으로 투기수요 억제를 위해 1가구 2주택자의 양도소득세를 중과하고, 종합부동산세를 가구별 합산으로 변경하게 됩니다. 6억 원 이상으로 종부세의 대상도 확대하지요. 주택 공급 확대를 위해서 택지 4,500만 평을 공급할 계획도 발표합니다. 거래 투명화를 위해서 현재 사용하는 실거래가 제도®의 신고를 의무화합니다. 8.31대책은 그간 부동산 거래 신고나 양도세 징수 등이 실거래가 기준이 아니었던 점 등을 고치기 위한 혁신적 제도였고 종합부동산세 등 세법상 충격을 준 내용도 많았습니다. 이런 강력한 규제에도 불구하고 다음 해인 2006년에도 부동산 가격은 여전히 11% 이상 상승한 초강세장의 모습이었습니다.

◆ 실거래가 제도

부동산 매매 계약을 체결한 날로부터 법으로 정해진 일정 기간 내에 실거래가를 신고해야 한다.

부동산의 정책 역사는 시장이 위축되면 활성화 정책을 냈다가, 시장이 과열되면 안정화 대책을 내는 것의 반복이었습니다. 무엇보다도 안정화든 활성화든 한 번에 강한 정책을 내는 것이 아니라, 점진적으로 그 강도를 높여가면서 정책을 내놓다 보니 강세장 혹은 약세장의 기간이 길어졌습니다.

강세장이든 약세장이든 결국 그 힘이 약해지는 순간이 옵니다. 그런데 그 시기를 즈음하여 오히려 시장의 흐름에 역행하는 강도 높은 활성화 혹은 안정화 정책을 1~2년간 내놓는 경우도 있습니다.

1997년 IMF를 극복하기 위해서 내놓았던 너무나 강력했던 부양책들로 인해서 완전히 살아난 주택 시장이 밀레니얼이라는 2000년대를 맞아서 과열로 치닫게 됩니다. 어떤 정책을 발표하더라도 시장이 안정화되지 않아서 부동산 정책에 대한 불신이 매우 컸던 시기입니다. 그러나 시장은, 늘 이런 초강세에 진입하면 그 초강세기를 만든 도화선 역할을 한 것이 부양책이었다는 사실을 잊어버립니다. 안정화 대책에도 시장이 상승하니 정부 정책 무용론, 정부 무능론 등 비판적 목소리가 높아지죠. 이런 모습은 2000년대나 2010년대나 반복되어왔는데요, 문제는 2020년대에도 반복되지 말라는 법이 없다는 겁니다.

2000년대 초중반 끝나지 않을 것 같은 강세장은, 2008년 글로벌 금융위기와 함께 멈춥니다. 개방경제인 한국의 경제가 충격을 받고, 환율이 급등하면서 IMF인 1997년에 이어 약 10년마다 위기가 발생한다는 10년 주기설이 시작되는 역사적인 이벤트의 시작이었습니다.

그러나 2010년대 들어서 주택 시장에 대한 부양 정책이 다시 한 번 대대적으로 추진되었고, 그런 노력의 결과로 시장은 회복되었습니다. 이후에는 회복을 넘어 과열로 흘러갔고, 2017년부터는 다시 한번 과열을 진정시키는 정책을 사용하고 있습니다.

이렇듯 앞으로도 주택 시장은 과열이나 침체 정도에 따라서 정책이 달라지리라는 것은 누구나 예상할 수 있습니다. 다만 이런 정책의 변화가 늘 있었기에 그것을 당연하게 여기고, 침체기에 주택을 매수해 활황기에 매도하는 전략을 오랜 기간에 걸쳐 사용하는 개인들의 전략을 정부가 당해내기는 어렵습니다.

중요한 것은 시장의 환경이 변화하더라도 계속 유지되는 큰 틀에서의 원칙이 있어야 한다는 점입니다. 정책은 달라질 수 있지만, 원칙은 지켜져야 하죠. 수십 년간의 역사에서 원칙이 손바닥 뒤집듯이 달라지는 것을 본 시장 참여자들이 정부 정책을 불신할 수밖에 없는 것은 당연해 보입니다. 앞으로는 주택 활성화 정책을 사용하더라도 유지되어야 하는 원칙, 안정화 정책을 쓰더라도 유지되어야 하는 원칙을 정하고, 그 원칙에 대해 사회적 합의와 인정을 확보해나가는 형태로 주택정책이 펼쳐지길 바라봅니다.

채상욱의
콕콕
포인트

`````````````````````````````````````` summary

• **부동산 정책과 시장**: 역대 정부는 부동산 시장을 의도했든 의도하지 않았든
경기 활성화의 수단으로 활용해왔습니다. 시장이 침체되어 있을 때는 양도
소득세 100% 감면과 같은 정책을 꺼내고, 시장이 과열되면 양도소득세 최
대 82.5%를 징수하는 성책을 꺼내기노 하는 등, 온탕과 냉탕을 오가는 것
이 특징이었습니다. 이는 2020년대에도 이어지고 있습니다.
``````````````````````````````````````

청약에 대처하는
현명한 자세

청약제도, 공부할수록
당첨 확률이 올라간다고요?

내 집을 마련할 때 가장 선호하는 방식이 청약입니다. 청약이란 분양하는 주택에 신청하는 것입니다. 1977년 8월 18일, '국민주택 우선 공급에 관한 규칙'이 신설되면서 처음으로 등장했습니다. 최초 청약제도는 국민주택기금과 같은 공공자금으로 건설되는 공공주택을 중심으로 적용되다가, 곧바로 민영주택에도 청약제도를 적용하면서 현재의 청약제도에 이르렀습니다.

아파트청약제도는 투기가 횡행한 1977년 공공부문 분양 아파트에 등장했는데, 당시 정부는 청약저축이라는 형태로 민간 자본을 끌어들여서 이를 주택건설자금으로 활용할 계획이었습니다. 많은 주택건설자금을 조달하기 위해서는 더욱더 많은 사람을 끌어들여야 했습니다. 주택청약제도의 초창기에 등장한 방식이 바로 '추첨제'였습니다. 즉, 일정 자격만 확보하면 아무나 당첨될 수 있도록 한 것입니다.

청약통장에서 순위 자격은 지역마다 다르지만 2년 이상 가입하거나 24회 이상 납입하면 지금도 쉽게 1순위 자격을 얻을 수 있습니다. 이처럼 손쉽게 주택청약을 할 수 있도록 제도화했기 때문에, 주택청약은 어른이 되면 누구나 가입해야 하는 것으로 자리 잡았습니다.

청약통장 가입자 수는 우리나라 전 인구의 절반이 넘습니다. 이중 1순위 청약통장 가입자만 전체의 55%로 1,300만 명 수준입니다. 이대로라면 신규 가입을 막고 매년 분양을 50만 호를 한다고 하더라도 모두가 당첨되는 데에는 무려 26년이 걸립니다. 광범위한 주택 공급의 수단인 청약에 너무 많은 사람이 신청하는 만큼 당첨된다는 게 사실 불가능할 것만 같습니다. 그러나 포기하기에는 아직 이릅니다. 왜냐하면 청약제도를 공부하면 할수록 기회가 커지기 때문입니다.

애초 청약제도는 공공주택의 투기수요를 억제하기 위해 만들어졌습니다. 지금의 모습과는 차이가 큰데요. 1977년까지 아파트 분양은 공공자금으로 짓는 아파트이고, 여기에 선착순이나 번호표 추첨 같은 방법을 주로 이용했습니다. 선착순이니 사람들이 몰려갔고, 번호를 조작하는 일까지 나타났었다고 하죠. 특히 1970년대 말 '투기부인'이라는 말까지 등장해서 공공과 민영아파트를 가리지 않고 한 명이 여러 채의 주택을 노숙자 등의 명의까지 빌려서 투기하는 사례가 등장했습니다. 1977년 3월 15일 여의도 목화아파트 분양을 할 때 모델하우스 옆에 공개추첨 현장이 있었는데, 여기에 신청자 4천여 명이 몰려와서 "10가구를 신청했는데 하나도 안 되었다"고 아쉬워하는 사람이 있는가 하면 "현금 2억 원을 동원해서 100가구를 신청했다"라는 사람도 있었다고 합니다. 당시 제조업 근로자 86.8%가 5만 원 이하의 월급을 받았고, 쇠고기 한 근이 1,700원이었다고 하니, 2억 원을 동원한 것은 현재 기준으로는 200억 원을 동원한 것과 같습니다.

이런 청약제도는 시행착오를 거치면서 점점 변화하기 시작했습니다. 그 오래된 청약제도 변화의 역사를 지면에 다 설명하기는 쉽지 않습니다. 다만 현재 유지되는 청약제도의 근간은 지금도 주택청약의 대상을 국민주택과 민영주택으로 나누고 있다는 점, 그리고 청약의 당첨자격에 대해서 1순위, 2순위 등 순위를 정하고 있다는 점, 또 당첨방식에 대해서 가점제와 추첨제 등을 사용하고 있다는 점 등입니다.

청약제도를 제대로 이해하기 위해서 가장 먼저 해야 할 구분은 바로 청약대상인 주택의 구분입니다. 청약대상 주택은 국민주택과 민영주택으로만 나뉩니다.

국민주택은 국가나 지자체, LH 및 지방공사가 건설하는 전용면적 85제곱미터 이하의 주택을 의미합니다. 혹은 국가나 지방자치단체의 재정 또는 주택도시기금(구 국민주택기금)을 지원받아 건설하거나 개량하는 주거전용면적 85제곱미터 이하의 주택을 의미합니다.

그리고 국민주택이 아닌 청약 주택은 '모두' 민영주택이 됩니다. 국민주택은 '주택청약종합저축'과 '청약저축'의 2종류 통장을 사용해서 청약하며, 민영주택의 경우 '주택청약종합저축'과 '청약예금', '청약부금'의 3종류 통장을 사용해서 청약합니다.

청약통장 종류

가입 가능	가입 불가	가입 불가	가입 불가
주택청약종합저축 (농협, 신한, 우리, 하나, 기업, 국민, 대구, 부산, 경남)	청약저축 신규 가입 중단 (2015년 9월 1일부터)	청약예금 신규 가입 중단 (2015년 9월 1일부터)	청약부금 신규 가입 중단 (2015년 9월 1일부터)
국민주택과 민영주택을 공급받기 위한 청약통장	국민주택을 공급받기 위한 통장	민영주택을 공급받기 위한 청약통장	주거전용면적 85㎡ 이하의 민영주택을 공급받기 위한 청약통장

청약통장은 어떻게 구분할까요? 가장 대중적인 주택청약종합저축(이하 종합저축)과 현재는 가입할 수 없는 청약저축, 청약예금, 청약부금 등이 있습니다.

과거에는 주택의 면적에 따라서 청약저축/예금/부금을 별도로 가입하는 수고로움이 있었지만 현재는 종합저축 하나면 모든 주택군에 청약할 수 있습니다.

덧붙여 말하자면, 기존에 가입해놓은 청약저축이나 예금, 부금의 경우는 현재도 여전히 사용힐 수 있습니다. 혹은 현재의 종합저축으로 변경도 가능합니다. 그렇기에 종전에 가입해둔 청약통장이 무엇인지 또 그 차이도 알아두어야 합니다.

그런데 국민주택과 민영주택을 구분하는 것은 청약하기 위함이니, 실제로 각각 어디서 청약하는지를 알아봐야겠죠. 그리고 국민주택인지 민영주택인지 헷갈리는 사례들도 매우 많은데요. 몇몇 예시를 통해 구분해보겠습니다.

위례신도시는 LH 주도로 공공택지 방식으로 개발된 2기 신도시입니다. 위례신도시에는 국민주택과 민영주택이 모두 있으니 하나씩 살펴보겠습니다. 먼저 위례신도시의 A1-5블록과 A1-12블록에 공급된 아파트를 보면 위례지구 A1-5BL은 위례포레샤인 17단지, A1-12BL은 위례포레샤인 15단지라는 이름으로 분양했습니다. 이 단지의 시공사는 민간건설사인 한화건설이고요, 총 세대수는 17단지는 1,282세대, 15단지는 394세대입니다. 그리고 분양면적을 보면, 17단지는 전용면적 기준 66, 70, 75, 80, 84제곱미터 타입으로 5가지 모두 국민주택 규모에 해당합니다. 15단지는 64, 74, 84제곱미터의 3가지 타입으로 역시 85제곱미터 이하인 국민주택 규모에 해당합니다. 사업시행자가 서울주택도시공사(SH)로 공공이고, 주거면적도 85제곱미터 이하인 두 단지가 바로 국민주택입니다.

민영주택 분양은 어떻게 될까요?

위례 택지개발사업지구 A3-4a 블록에 공급된 '북위례힐스테이트'의 입주자모집공고를 보면 공급면적이 92, 98, 102제곱미터의 3

힐스테이트 북위례 공급안내

■ 공급위치 : 경기도 하남시 위례택지개발사업지구 A3-4a 블록
■ 공급규모 : 아파트 지하 2층, 지상10~25층, 총 14개동, 총 1,078세대 및 부대복리시설(다자녀가구 특별공급 107세대, 노부모부양 특별공급 32세대 포함)
■ 공급면적 및 세대수

(단위 : ㎡, 세대)

주택형 (주거전용면적)	세대별 계약면적				세대별 대지지분	공급세대수				최하층우선 배정세대
	세대별 공급면적		기타공용면적 (지하주차장 등)	계약면적		계	특별공급		일반공급	
	주거전용	주거공용	소계				다자녀가구	노부모		
92.4367	92.4367	23.7974	116.2341	50.3768	166.6109	51.0070	167	16	5	146	9
98.7162	98.7162	27.5515	126.2677	53.7991	180.0668	54.4721	192	20	6	166	9
102.5588	102.5588	27.5816	130.1404	55.8931	186.0335	56.5924	719	71	21	627	39

※ 주택형 구분은 공고상의 표기이며, 견본주택 및 카탈로그/홍보 제작물은 약식으로 표현되었으니, 청약 및 계약 시 주택형에 대한 혼돈 방지에 특히 유의하시기 바람

■ 전체 공급일정

구 분	특별공급 (다자녀가구, 노부모부양)	일반 1순위 청약	일반 2순위 청약	당첨자발표	계약체결
일정	2019. 04. 03(수)	2019. 04. 04(목)	2019. 04. 05(금)	2019. 04. 12(금)	2019. 04. 23(화)~2019. 04. 26(금)
방법	인터넷 청약 (08:00 ~ 17:30)	인터넷 청약 (08:00 ~ 17:30)	인터넷 청약 (08:00 ~ 17:30)	개별조회 (www.apt2you.com 로그인 후 조회 가능)	-
장소	■ 금융결제원 (www.apt2you.com) ■ 청약통장 가입은행 구분 없음 ■ 특별공급 청약신청은 PC에서만 가능	■ 금융결제원(국민은행의 청약통장 가입자) • PC : www.apt2you.com • 스마트폰 : APT2you 앱 ■ 국민은행 청약통장 가입자 • PC : www.kbstar.com • 스마트폰 : KB스타뱅킹 앱	■ 금융결제원 (특별공급 및 일반공급) • PC : www.apt2you.com • 스마트폰 : APT2you 앱		당사 견본주택 (서울시 송파구 잠실동 196-9)

※ 특별공급 및 일반공급 청약은 인터넷 청약이 원칙입니다.

가지 타입임을 알 수 있습니다. 총 공급 세대수는 1,078세대이고, 다
자녀 특공 107세대, 노부모 특공 32세대를 포함해서 공급됐습니다.
일단 면적만으로 보면 전용면적 85제곱미터를 초과하므로, 국민주
택이 아니며 민영주택에 해당합니다.

민영주택의 경우 모든 입주자모집공고와 일정이 '청약홈' 사이트
(www.applyhome.co.kr)를 통해서 파악할 수 있습니다. 그러나 국민
주택은 조금 다릅니다. 국민주택의 '일반공급'은 청약홈에 올라가지
만, 국민주택의 '특별공급'은 청약홈에 올라가지 않습니다. 특별공

16 분양일정 안내

구분		일정	신청장소	신청방법
입주자모집공고		2020.11.19.(목)	· 서울주택도시공사 홈페이지(www.i-sh.co.kr) · 문화일보, 한겨레 ※ 사이버견본주택 : 2020.11.19.(목) 15시 이후 예정	
특별 공급 청약 접수	기관추천, 철거민 (회현제2시민아파트)	2020.11.30.(월) ~12.01.(화)	· 서울주택도시공사 홈페이지(www.i-sh.co.kr)	인터넷 청약 (09:00~17:30)
	다자녀 특별공급	2020.11.30.(월)		
	신혼부부 특별공급			
	노부모부양 특별공급	2020.12.01.(화)		
	생애최초 특별공급			
일반 공급 청약 접수	제1순위	2020.12.10.(목)	· 한국감정원 청약 홈페이지 (www.applyhome.co.kr) 또는 모바일서비스(APP설치)	인터넷 청약 (08:00~17:30) 또는 가입은행 청약 (09:00~16:00)
	제2순위	2020.12.11.(금)		
당첨자 및 동·호수배정 발표		2020.12.16.(수) 17:00 이후	· 서울주택도시공사 홈페이지 (www.i-sh.co.kr) · 한국감정원 청약 홈페이지 (www.applyhome.co.kr) 또는 모바일서비스(APP설치)	등기우편 접수 (2020.12.21. 소인분 포함)
당첨자 자격확인서류 제출기한		2020.12.21.(월)	· 서울주택도시공사 분양수납부 (서울특별시 강남구 개포로 621)	
주택소유현황 조회결과 게시		2021.03.02.(화) 17:00 이후	· 서울주택도시공사 홈페이지 (www.i-sh.co.kr)	
계약기간		2021.03.15.(월)~ 03.24.(수)	· 서울주택도시공사 2층 대강당 (서울특별시 강남구 개포로 621)	
중도금 납부기한		2021.05.14.(금)		
입주자사전점검(예정)	A1-5BL	2021.06.(예정)		
	A1-12BL			
입주개시(예정)	A1-5BL	2021.08.(예정)		
	A1-12BL			

※ 상기 분양일정은 건축공정 등에 따라 변경될 수 있습니다.
■ 공급유형별·순위별 지정일자에 신청하시기 바라며, 일반공급의 경우 1순위 신청자가 공급세대수의 600%에 달할 경우 2순위는 더 이상 신청접수 받지
  않습니다.
※ 본 입주자모집공고는 편집 및 인쇄 과정 중 오류가 있을 수 있으므로 자세한 내용은 전화 문의 등으로 확인하여 주시기 바랍니다.

급제도는 나중에 자세히 보겠지만, 국민주택의 특별공급이 청약홈에 일정이 올라가지 않기 때문에, 국민주택-특별공급을 목표로 하는 분들은 국민주택의 사업 주체인 LH, SH, 경기도시공사 등의 홈페이지에서 분양 일정을 수시로 체크해봐야 합니다.

위례신도시 사례에서 서울도시공사가 공급한 위례포레샤인 17단지의 경우 화면에서처럼, 특별공급 청약 접수는 11월 30일부터 12월 1일까지 2일간 진행되었고, 서울주택도시공사 홈페이지에서 신청을 받았다는 것을 알 수 있습니다. 제1순위 일반공급부터는 청약홈에서 받았다는 것을 알 수 있습니다.

그러니 국민주택에 청약할 수 있는 자격이 있다면 공공 시행사들의 홈페이지에 미리 회원가입도 하고, 알림도 받는 것을 추천합니다.

- LH 한국토지주택공사: https://apply.lh.or.kr/LH/index.html
- SH 서울주택도시공사: https://www.i-sh.co.kr/main/lay2/program/S1T1C220/subMain2.do

* 「대한민국 부동산 40년」 참조.

1순위, 2순위는
무슨 말인가요?

청약을 통해 내 집 마련을 꿈꾼다면 먼저 종합저축에 가입해야겠죠. 종합저축이 있다면 이제 청약을 할 수 있습니다. 주택 분양에서 청약에는 1순위와 2순위가 존재합니다. 언뜻 봐도 순위가 높은 쪽이 유리할 것 같은데요. 실제로 청약은 1순위 청약일과 2순위 청약일이 서로 다른 것이 일반적이고, 청약경쟁률도 각 순위 내 경쟁을 통해서 먼저 선정하므로 1순위가 되는 것이 당첨되는 데 좀 더 유리한 상황이라서 자신이 1순위인지 아닌지를 판단할 줄 아는 것이 매우 중요합니다. 그리고 순위를 정하는 기준에서도 국민주택과 민영주택이 서로 다릅니다.

민영주택의 1순위

먼저, 민영주택의 경우 1순위는 어떻게 될 수 있을까요? 민영주택의 순위 조건은 2가지 기준을 따릅니다. 첫째는 청약통장 가입 기간이며, 둘째는 납입금(예치금)입니다.

민영주택의 1순위는 주택청약종합저축, 청약예금, 청약부금 등 모든 통장에 가입하고 일정 기간이 지나야 합니다. 여기서 '일정 기간'은 지역별로 다릅니다. 투기과열지구 및 청약과열지역에서는 청약통장 가입 후 2년이 지나야 합니다. 반대로 청약위축지역에서는 가입 후 1개월만 지나도 가입 기간이 충족됩니다. 그 외 지역들(투기과열/청약과열/위축지역 제외)은 수도권의 경우 가입 후 1년이 지나면 되고, 수도권 외 지역은 가입 후 6개월이 지나면 가입 기간 기준을 충족하게 됩니다.

여기서 투기과열지구는 어디이며, 청약과열지역은 어디고, 청약위축지역은 어디일지 궁금해집니다. 2021년 기준 투기과열지구, 청약과열지역은 164쪽 표와 같습니다. 다만 현재 청약위축지역으로 지정된 곳은 없습니다.

그럼 실제 적용해볼까요? 만약 수도권 거주자인데, 본인 거주지가 청약과열지역에 해당한다면 1순위 가입 기간 조건을 충족하기 위해서는 가입일로부터 2년이 지나야 합니다. 수도권 중 청약과열지역

투기과열지구

지역	지정 지역
서울특별시	전역(25개 구)
경기도	광명시, 과천시, 성남시 분당구·수정구, 하남시, 수원시, 안양시, 안산시 단원구, 구리시, 군포시, 의왕시, 용인시 수지구·기흥구, 화성시(동탄2만 지정)
인천광역시	연수구, 남동구, 서구
대구광역시	수성구
대전광역시	동구, 중구, 서구, 유성구
세종특별자치시	행정중심복합도시 건설 예정 지역
경상남도	창원시 의창구(대산면 제외)

청약과열지역

지역	지정 지역
서울특별시	25개 구 전역
경기도	전역(일부 지역* 제외) *남양주시(화도읍 ·수도읍·조안면), 용인시 처인구(포고읍, 모현·백암·양지·원상면 가재월·사암·미평·좌항·두창·맹리), 안성시(일죽·죽산·삼죽·마양·대덕·양성·고삼·보개·서운·금광면), 광주시(초월·곤지암읍, 도척·퇴촌·남종·남한산성면), 양주(백석읍, 남·광적·은현면), 김포시(통진읍, 대곶·월곶·하성면), 파주(문산·파주·법원·조리읍, 월롱·탄현·광탄·파평·적성·군내·장단·진동·진서면), 연천시, 동두천시, 포천시, 가평시, 양평시, 여주시, 이천시
인천광역시	중구(을왕·남북·덕교·무의동 제외), 동구, 미추홀구, 연수구, 남동구, 부평구, 계양구, 서구
부산광역시	해운대구, 수영구, 동래구, 연제구, 남구, 서구, 동구, 영도구, 부산진구, 금정구, 북구, 강서구, 사상구, 사하구
대구광역시	수성구, 중구, 동구, 서구, 남구, 북구, 달서구, 달성군(가창·구지·하빈면, 논공·옥포·유가·현풍읍 제외)
광주광역시	동구, 서구, 남구, 북구, 광산구
대전광역시	동구, 중구, 서구, 유성구, 대덕구
울산광역시	중구, 남구
세종특별자치시	행정중심복합도시 건설 예정 지역
충청북도	청주시(낭성·미원·가덕·남일·문의·남이·현도·강내·옥산·북이면·내수읍 제외)
충청남도	천안시 동남구(목천읍, 풍세·광덕·북·성남·수신·병천·동면 제외)·서북구(성환·성거·직산읍, 입장면 제외), 논산시(강경·연무·성동·광석·노성·상월·부적·연산·벌곡·양촌·가야곡·은진·채운면 제외), 공주시(유구·이인·탄천·계룡·반포·의당·정안·우성·사곡·신풍면 제외)
전라북도	전주시 완산구·덕진구
전라남도	여수시(돌산읍, 율촌·화양·남·화정·삼산면 제외), 순천시(승주읍, 황전·월등·주암·송광·외서·낙안·별량·상사면 제외), 광양시(봉강·옥룡·옥곡·진상·진월·다압면 제외)
경상북도	포항시 남구(구룡포·연일·오천읍·대송·동해·장기·호미곶면 제외), 경산(하양·진량·압량읍, 와촌·자인·용성·남산·남천면 제외)
경상남도	창원시 성산구

이 아닌 곳에서 1순위 자격을 충족하려면 1년이 지나야 합니다.

가입 기간을 충족한다면 1순위를 위해서 필요한 두 번째 기준인 '납입금'을 충족해야 합니다. 청약통장에 가입한 기간 중 납입한 금액이 '지역별 예치금액'이라는 기준 이상이어야 합니다. 지역별 예치금액은 민영주택에 청약을 신청할 때 전용면적별 예치금액입니다. 중요한 점은, 지역별 기준이 신청자 본인의 거주지 기준이지, 청약 대상 주택의 위치 기준이 아니라는 것입니다. 지역별 예치금 표를 한번 볼까요?

구분	서울/부산	기타 광역시	기타 시/군
85㎡	300	250	200
102㎡	600	400	300
135㎡	1,000	700	400
모든 면적	1,500	1,000	500

(단위: 만 원)

중요한 것은 예치금이 언제까지 예치되어야 하느냐입니다. 이 예치금은 분양대상 아파트의 입주자 모집공고일 이전에 예치가 되어 있어야 합니다. 예를 들어, 2021년 12월 10일이 입주자모집공고일이라면 12월 9일까지는 예치금이 예치되어 있어야 합니다.

그렇다면 예치금을 24회 꾸준히 매회 납입해서 저 예치금을 채워야 할까요? 아니면 다른 방법이 있을까요? 민영주택의 경우에는 1회에 모든 금액을 예치해도 됩니다. 가령, 2018년 1월 1일 청약통장에 가입했고, 이후 2년간 월 분납액 없이 가입만 유지하다가 2021년 12월에 원하는 아파트가 분양할 예정이고, 청약대상 아파트의 전용면적이 101제곱미터라서 600만 원을 예치해야 한다면, 곧바로 600만 원을 입주자모집공고일 이전에 한 번에 예치하더라도 괜찮습니다.

이러한 납입방식은 뒤에 나오는 국민주택과 가장 큰 차이가 나는 점 중 하나입니다. 국민주택은 '납입 횟수'가 중요하기 때문입니다. 즉, 민영주택의 예치금은 입주자모집공고일 이전에만 예치하면 됩니다.

이렇게 청약통장 가입 후 일정 기간이 지나고, 지역별 예치금액 이상의 금액이 통장에 들어 있다면 민영주택 1순위 자격이 됩니다. 그런데 이 두 조건을 충족해도 1순위를 제한할 때가 있습니다.

먼저, 투기과열지구와 청약과열지구 내 '민영주택'에 청약할 때 1순위를 제한하는 3가지가 있습니다. 첫째는 세대주가 아닌 자입니다. 둘째는 과거 5년 이내에 다른 주택에 당첨된 '세대에 속한 자'가 여기에 해당하고요, 셋째는 2주택 이상 소유한 '세대에 속한 자'가 여기에 해당합니다.

첫째는, 세대주가 아닌 자를 제한하므로 해당 세대의 세대주만이 1순위가 될 수 있다는 것을 의미합니다. 그래서 30대 초반 사회생활을 시작한 청년층의 경우 세대주가 되기 위해서 세대를 분리하는 예가 있습니다(오피스텔을 임차해 거주한다거나 등).

둘째인 과거 5년 이내에 다른 주택에 당첨된 '세대에 속한 자'라는 기준은 바로 5년 내 재당첨 금지의 연장선에 있습니다. 가령 분양주택을 2017년에 당첨된 적이 있고, 이후 새로 청약통장에 가입해서 2021년에 다시 한 번 청약을 신청하고자 하는 경우입니다. 5년 내 다른 주택에 당첨된 세대에 속한 자는 2순위가 되는 것이죠. 이런 부분을 모른 채 1순위로 청약해 당첨되었다가 당첨자 자격이 박탈되는 경우가 왕왕 있습니다. 당첨된 자가 아니라 당첨된 '세대에 속한 자'를 세대 기준으로 적용한다는 것이 중요합니다.

마지막으로 2주택 이상 소유한 세대에 속한 자라는 의미도 일시적 2주택이냐, 영구적 2주택이냐가 중요한 것이 아니라, 입주자모집공고일 기준 2주택 이상을 소유한 세대인지 아닌지를 판단한다는 의미입니다.

이러한 기준을 통해 투기과열지구와 청약과열지역에서는 2년의 가입 기간, 지역별 예치금을 충족한 사람 중 '세대주'인 사람, 혹은 5년 내 재당첨이 없고, 2주택 이상이 아닌 세대주만이 사실상 1순위 자격을 확보할 수 있습니다.

그러므로 1주택까지는 청약할 수 있다는 말인데요. 대부분의 청약에서 처분조건부, 즉 종전 주택의 처분을 전제로 청약의 기회를 제공하기도 하므로 주택이 있다고 청약이 안 되는 것은 아니란 점도 알아두세요.

또 여기서 '주택의 소유 여부'에 대한 기준도 달라졌습니다. 기본적으로 거주 주택뿐만 아니라, 임대사업자 등록을 한 주택도 주택 수에 포함되며, 2018년 12월 11일 이후에 새로 보유하는 분양권과 입주권도 주택으로 인정합니다(위 시기 이전부터 보유하고 있던 분양권은 주택으로 보지 않음).

국민주택의 1순위

국민주택의 1순위와 2순위는 어떻게 될까요? 국민주택도 청약통장 가입 기간과 납입금 기준이 있습니다. 청약통장 가입 기간은 민영주택과 동일하게 투기과열지구와 청약과열지역은 2년 경과, 위축지역은 1년 경과, 그 외 지역 중 수도권은 1년 경과, 비수도권은 6개월 경과입니다. 지역도 동일하고 기간도 동일합니다.

그런데 가장 큰 차이는 바로 납입금입니다. 국민주택은 '납입 횟수'를 봅니다. 투기과열지구와 청약과열지역에서는 납입 횟수가 총 24회 이상이어야 합니다. 위축지역은 1회만 납입해도 되고요, 기타지역은 수도권 12회, 비수도권 6회를 납입해야 합니다.

이처럼 민영주택은 '예치금'이지만, 국민주택은 납입 '횟수'가 기준이라는 점을 꼭 기억하세요.

24회 납입과 240만 원 예치금의 차이점은 무엇일까요? 국민주택 1순위가 되려면 월 10만 원씩 꼬박꼬박 24회를 납입해야만 한다는 겁니다. 민영주택 1순위의 경우 가입만 하고 납입하지 않다가, 24개월 차에 한 번에 240만 원을 넣어도 입주자공고일 전에 예치액을 240만 원만 넘기면 됩니다. 국민주택은 납입 횟수가 중요하므로 월 2만 원씩 24회 납입해서 48만 원이 납입된 통장이라 하더라도 국민주택의 1순위 자격을 취득하는 데는 아무런 문제가 없습니다. 반면, 민영주택의 경우 48만 원은 기준 예치금보다 낮은 금액이므로 1순위가 될 수 없습니다.

청약통장을 만들었으면 일단 꼬박꼬박 내는 것이 중요합니다. 방치해두다가 한 번에 낸다면 국민주택에는 청약할 수 없는 일이 생깁니다. 의외로 이런 차이를 잘 몰라서, 국민주택에 청약할 수 있는 세대주인데도 '납입 횟수' 때문에 청약을 못 하는 경우를 종종 봤습니다.

국민주택도 1순위 자격에 제한이 있습니다. 투기과열지구나 청약과열지역의 국민주택에 청약하는 경우 청약통장이 1순위에 해당해도 세대주가 아닌 자나 과거 5년 이내에 다른 주택에 당첨된 자가 속해 있는 '무주택세대 구성원'은 2순위로 청약해야 합니다.

마지막으로 알아둬야 할 한 가지가 있습니다. 3기 신도시에 공급하는 한 단지가 있다고 칩시다. 같은 주택 및 당첨자 발표일이 같은 국민주택입니다. 여기에 무주택세대 구성원 전체가 청약할 수 있을까요? 이 경우 한 세대에서 2인 이상이 청약할 시, 당첨 취소가 되므로 절대 2인 이상이 한 단지에 청약해서는 안 된다는 점도 명심하세요.

청약에 당첨되는
기준이 뭔가요?

이제 각자 청약통장으로 원하는 단지에 신청해볼까요? '청약홈' 이라는 사이트에서 온라인으로 청약할 수 있습니다.

청약홈에서 청약 자격이나 청약제도에 대한 설명, 또 가장 중요한 청약 일정, 해당 단지의 모든 것이 담긴 '입주자모집공고문'을 볼 수 있습니다. 청약에 관심이 있다면 수시로 방문해보세요.

청약홈에서 입주자모집공고를 통해서 청약 신청 접수일이 정해지면 대부분 특별공급을 먼저 하고, 그다음 날에 1순위, 그다음 날에 2순위 신청을 받곤 합니다. 각자 해당하는 날짜에 신청하면 됩니다.

문제는 순위별로 신청하는 사람이 많아서 경쟁이 치열하다는 것입니다. 먼저 국민주택의 경우, 1순위 내에서 경쟁해야 할 때 어떻게 당첨자를 선정할까요?

국민주택은 순위순차제를 통해 당첨자를 선정합니다. 순위순차제는 면적에 따라 다시 구분되는데요, 전용면적 40제곱미터를 초과하는 단지의 경우 1순차자는 '3년 이상의 기간 무주택세대 구성원으로서 저축 총액이 많은 자'입니다. 가령 10년간 무주택이고 빠짐없이 납입했다면 1,200만 원이고, 20년간 무주택으로 빠짐없이 납입했다면 2,400만 원 정도가 됩니다. 이처럼 금액이 높을수록 순위순차를 통해서 공급된다는 의미입니다. 요즘 국민주택의 순위순차 당첨은 2천만 원을 기준으로 하곤 합니다.

1순차 중에서 입주자가 다 선정된다면 여기서 끝나지만, 미달일 때는 2순차자 중에서 '저축 총액이 많은 자'가 당첨됩니다.

한편, 40제곱미터 이하 주택은 1순차자가 '3년 이상의 기간 무주택세대 구성원으로서 납입 횟수가 많은 자'입니다. 이 경우 금액보다는 납입 회차가 중요합니다.

가령, 월 2만 원이라도 20년간 240회 납부한 경우와 월 10만 원씩 10년간 총 120회 납부한 경우 후자가 납입 총액은 더 크지만, 납입 횟수는 20년 납부자가 더 많으므로 40제곱미터 이하에서는 1순차자가 되어서 당첨조건에 해당합니다.

1순차자 중에서 미달이 발생할 때는 '납입 횟수가 많은 자'로 2순차자까지 다 포함해서 추첨합니다.

민영주택에서 경쟁이 있을 때는 어떻게 추첨할까요? 민영주택은 청약 순위에 따라서 입주자를 선정하고, 1순위가 미달일 때만 2순위 입주자를 선정합니다. 1순위 중 같은 순위 내 경쟁이 있을 때 가점제와 추첨제를 운영합니다. 2순위는 추첨방식으로 선정하게 되어 있습니다. 민영주택의 종류에 따라 가점제와 추첨제의 비중이 달라집니다.

주거 전용 면적	투기과열지구	청약과열 지역	수도권 내 공공주택지구	85㎡ 초과 공공건설 임대주택	그 외 주택
85㎡ 이하	가점제: 100% 추첨제: 0%	가점제: 75% 추첨제: 25%	가점제: 100% 추첨제: 0%		가점제: 40%(~0%) (시장 등이 40% 이하로 조정 가능) 추첨제: 60~100%
85㎡ 초과	가점제: 50% 추첨제: 50%	가점제: 30% 추첨제: 70%	가점제: 50%(~0%) (시장 등이 50% 이하로 조정 가능) 추첨제: 50%(~100%)	가점제: 100% 추첨제: 0%	가점제: 0% 추첨제: 100%

위 표에서처럼 투기과열지구에서는 85제곱미터 이하의 경우 가점제가 100%이고, 추첨제는 0%입니다. 85제곱미터를 초과할 때는 가점제 50%, 추첨제 50%입니다.

예를 들어 서울 시내 재건축과 재개발 사업에서 전용면적 85제곱미터 이하 주택 100세대가 민영주택으로 분양된다면 가점제 100%, 추첨제 0%라는 의미입니다. 85제곱미터를 초과한다면

50:50으로 분양한다는 것입니다.

청약과열지역은 비율이 달라지는데요, 먼저 85제곱미터 이하의 경우 가점 75%, 추첨 25%에 해당합니다. 85제곱미터 초과의 경우 가점 30%, 추첨 70%로 추첨 비중이 더 높습니다. 대형평형대로 갈수록 추첨제 비중이 높아집니다.

이처럼 당첨자 선정의 비중이 지역마다 다르므로 청약과열지역과 투기과열지구가 어디인지를 자세히 알아두어야 합니다. 투기과열지구에서 85제곱미터 이하일 때는 가점제 100%여서 특별공급으로는 어렵고 일반공급으로만 청약할 수 있는데, 이때 가점제가 100%인 민영주택으로만 해야 하고 본인의 점수가 낮다면 당첨될 가능성이 사실상 매우 낮아지기 때문입니다. 소위 누울 자리를 찾아가면서 발을 뻗어야 한다는 말처럼 본인이 어느 청약대상 아파트에 신청할지 신청하기 전에 미리 알아두어야 합니다.

한편, 수도권 내 공공주택지구의 민영주택이라면 어떻게 될까요? 2010년대에 공급했던 2기 신도시 지역을 포함해서, 앞으로 공급될 3기 신도시와 수도권 공공택지지구의 경우에는 어떻게 될까요? 이들 지역에서 공급하는 민영주택은 전용면적 85제곱미터 이하일 때는 가점제가 100%이고, 추첨제가 0%입니다. 85제곱미터 초과일 때는 가점제가 50~0%까지 가능합니다. 추첨제 역시 50~100%까지 가능하고요. 이런 비율은 시장市長 등이 조정하게 되어 있습니다.

그 외 주택에서 85제곱미터 이하인 경우 가점제가 40~0%, 추첨제는 60~100%로 시장 등이 결정하게 되어 있습니다. 85제곱미터 초과는 가점제 0%, 추첨제 100%가 됩니다.

가령, 투기과열지구도 청약과열지역도 아니고 수도권 내 공공주택지구도 아닌 일반 지역의 85제곱미터 이하 민영주택 분양이라면 가점 40%, 추첨 60%도 가능하며, 85제곱미터 초과일 때는 가점 0%, 추첨 100%입니다.

비율은 이렇게 결정되는데, 도대체 가점제와 추첨제란 무엇일까요?

가점제는 청약가점제도 표가 있고 총 84점 만점을 기준으로 가점을 부여하고 있습니다. 청약가점제는 가점이 높을수록 유리합니다.

- 무주택 기간: 총 32점
- 부양가족 수: 총 35점
- 청약통장 가입 기간: 총 17점

본인이 가점제로 계산했을 때 점수가 얼마인지 알아보는 것도 중요합니다. 자신이 청약을 신청했을 때, 어느 형태의 청약에서 가장 경쟁률이 낮을지, 즉 당첨 확률이 높을지를 생각해보는 것이 필요합니다. 가점 계산은 청약홈에서 할 수 있습니다.

자신이 국민주택에 신청할 것인지 민영주택에 신청할 것인지, 국민주택 청약자격인지 아닌지, 청약한다면 어떤 면적인지, 해당 지역은 투기과열지구인지 청약과열지역인지, 혹은 수도권 공공택지인지 아니면 일반 지역인지 등 청약하는 단지의 입주자모집공고문에서 알아내야 할 정보가 매우 많습니다. 또 공고문이 나오기 전이라도 관심 가는 지역이 있다면, 무엇을 준비해야 하는지를 알 수 있습니다. 미리 준비가 안 되어 있으면 막상 공고가 났을 때 청약의 기회를 놓칠 수 있기 때문입니다.

청약으로 내 집 마련을 하고자 한다면 무엇을 준비해야 하는지 알아본 후에 제대로 신청해야 좀 더 당첨 확률을 높일 수 있습니다. "공고가 나기 전에 준비하자"는 말을 꼭 기억하세요.

특별공급제도란
무엇인가요?

"셋째를 낳아야겠어."

"왜?"

"다자녀 특별공급(특공)을 받아볼까 싶어서."

"괜찮은 생각 같은데, 좀 알아본 거야?"

"어. 민영주택 다자녀 특공은 소득 기준이 없더라고."

청약제도와 특별공급에 대해 좀 아는 사람들 사이의 대화입니다. 최근에 특별공급을 통해서 주택을 분양받아 입주하는 사람들이 늘어나고 있습니다. 주택 공급이 늘어서이기도 하지만, 주택 공급 중 특별공급의 비중이 과거 대비 증가한 데 따른 영향입니다. 그리고 앞으로는 3기 신도시를 포함해 공공 시행방식 정비사업, 혹은 민간 조합방식 정비사업 등 어떤 형태의 주택 공급이 확대되더라도 특별 공급 역시 비례해서 증가할 것으로 보입니다.

'특별공급 청약' 하면 이름부터 뭔가 달라 보이는데요, 말 그대로 특별한 자격조건을 충족하는 사람들에게 주택을 분양받을 기회를 확대하기 위한 제도입니다.

특별공급에 관심을 가져야 하는 가장 큰 이유 중 하나는 특별공급의 총 비중 때문입니다. 만약 전체 100세대가 공급되는 신도시의 국민주택이라면 총 85%가 특별분양이고, 나머지 15%만이 일반분양입니다. 국민주택의 특별공급 비중이 너무 커서, 일반분양보다 특별공급이 주된 공급의 형태임을 알 수 있습니다.

민영주택은 어떨까요? 민영주택이라 하더라도, 공공택지 내 민영주택이라면 특별공급 비중이 58%입니다. 과반이 특공이라는 의미입니다. 이런 지역이 어디 있을까요? 앞서 나온 위례신도시의 사례에서처럼 신도시로 공공택지지구지만, 해당 필지는 민영주택으로 분양하는 민간 분양 아파트라면 여기에 해당합니다. 아마도 앞으로 나올 3기 신도시의 상당수가 여기에 해당할 것으로 보입니다.

도심 내 정비사업과 같이 순수 민간택지의 경우에는 어떻게 될까요? 순수 민간택지의 특별분양도 무려 50%입니다. 절대 적은 비중이 아닌데요, 이처럼 특별공급의 비중이 매우 증가하면서 특별공급은 이제 주택청약을 준비하는 사람들이 필수로 알아야 하는 분야가 되었습니다.

정비사업의 경우 공급이 이렇게 이루어진다고 보면 됩니다. 예를 들어 종전 1,000세대 정비사업이 2,000세대로 확대된다고 할 때, 약 1,000세대가 추가로 공급되는데요, 이 중 50%인 500세대가 특별공급이 된다는 의미입니다.

이런 특별공급은 공급의 형태에 따라서 다양하게 구분됩니다.

특별공급제도는 다양한 공급방식이 있습니다. 가장 유명한 특별공급이 신혼부부 특별공급, 다자녀 특별공급, 생애 최초 특별공급, 이전 기관 종사자 특별공급, 노부모 부양 특별공급, 기관 추천 특별공급 등이 있습니다.

이 중에서 신혼부부 특별공급(이하 신혼특공)과 생애 최초 특별공급(이하 생초특공)이 특히 많은 비중을 차지합니다. 이름처럼 신혼부부이거나 생애 최초로 주택을 구입하는 사람들에게 주택 구입의 기회를 더 확대하기 위해서입니다.

특공은 어쨌든 형태별로 공급하기 때문에, 신혼부부 특별공급이라면 신혼부부 기준에 부합해야 특별공급에 신청할 수 있습니다. 생애 최초 역시 마찬가지라서 생애 최초 기준에 부합해야 합니다. 노부모 부양이나 다자녀 특공 역시 기준을 충족해야 합니다. 그래서 각 특별공급제도는 개별 자격조건에 대해서 본인이 적합한지를 자세히 확인해봐야 합니다.

신혼부부 특별공급

신혼부부 특공은 전용면적 85제곱미터 이하인 분양주택(국민주택과 민영주택 모두)에 한해서 공급됩니다. 다만, 투기과열지구 내에서 9억 초과 분양가인 주택에서는 신혼부부 특공이 제외됩니다. 가령 서울 강남권인데 85제곱미터 이하, 분양가격이 13억 원이라면 신혼부부 특공 대상 주택이 아닙니다.

신혼부부 특별공급의 공급물량은 건설량의 20% 이내에서 결정합니다. 여기서 신혼부부란 입주자모집공고일 현재 혼인 기간 7년 이내인 경우를 말합니다.

신혼부부 특별공급의 자격요건에서 중요한 부분은 신혼부부는 '혼인신고일로부터 입주자모집공고일까지 계속하여 무주택자'여야 합니다. 또 신혼부부이지만 배우자가 분리된 세대(가령 지방의 혁신도시로 한 명이 일하러 가면서 세대가 분리된 신혼부부의 경우)라면 그 배우자와 배우자의 주민등록표상 등본에 등재된 직계존비속이 모두 무주택자여야 합니다. 배우자가 본가에 거주하는데 본가 부모님이 유주택자이면 신혼부부 특공 자격에 해당하지 않습니다.

　신혼부부 특공 신청은 소득 기준 때문에 다소 까다로운 편입니다. 신혼부부 해당 세대의 월 평균소득이 도시근로자 가구당 월 평균소득의 120%(신혼부부 모두 소득이 있을 시 130%) 이하에 해당해야 합니다. 또 120%, 130%는 괜찮은데 둘 다 125%인 경우에는 안됩니다. 둘 중 한 명은 120% 이하여야 합니다.

　다만, 6억 원 이상 9억 원 이하의 주택을 생애 최초로 구입하는 신혼부부의 경우, 해당 세대 월 평균소득이 도시근로자 평균소득의 130%(부부합산 140%)로 완화되었습니다. 이 변화는 2020년 9월 29일부터 시행되고 있습니다.

입주자모집공고를
뜯어볼수록 유리하다고요?

입주자모집공고는 청약에 관한 모든 것이 실려 있는 공고문입니다. 이 공고문은 주택 공급에 관한 규칙 제21조(입주자모집공고)에 따라서, 주택 공급을 시행하는 사업자가 작성해서 모두가 볼 수 있도록 한 공고문입니다.

입주자모집공고는 특정 단지명으로 검색하면 대부분 인터넷에서 손쉽게 알아볼 수 있습니다. 청약홈 사이트나 해당 아파트 브랜드의 건설회사 홈페이지 등 다양한 소스로 찾아볼 수 있습니다. 중요한 것은 보는 방법이겠죠.

입주자모집공고에서 중요하게 확인해야 할 사항은 비교적 앞부분에 나옵니다.

> 본 아파트의 최초 입주자 모집공고일은 2020.10.22.이며, 최초 입주자 모집승인신청 접수일은 2020.10.21.입니다. (청약 자격조건의 기간, 나이, 지역 우선 등의 청약 자격조건 판단 기준일입니다.)

입주자모집공고일이 맨 먼저 게시되는데, 위의 경우 2020년 10월 2일입니다. 모집 승인 신청일은 2020년 10월 21일입니다. 이 날짜를 기준으로 청약 자격조건의 기간, 나이, 지역 우선 등 조건을 판단합니다. 청약통장의 예치금이나 납입 횟수 등을 기준 삼을 때도 저 날짜를 기점으로 합니다.

> 해당 주택건설지역인 경기도 하남시는 「주택법」 제63조 및 제63조의2에 의한 투기과열지구 및 청약과열지역으로서, 본 아파트는 「주택 공급에 관한 규칙」에 따라 2주택 이상 소유하신 분은 청약 1순위 자격에서 제외되며, 1주택 이상 소유하신 분은 가점제 청약이 불가합니다.

이어서 입주자모집공고가 어떤 규정을 따르는지를 정의하는 내용이 들어갑니다. 이 단지는 하남감일지구 푸르지오마크베르 아파트의 입주자모집공고인데요. 이 공고문에는 경기도 하남시가 과밀억제권역이며, 투기과열지구 및 청약과열지역에서 공급하는 '공공택지 분양가 상한제 적용 민영아파트'라고 적혀 있습니다. 이를 통해 '공공택지의 민영아파트이고 분양가 상한제가 적용되었구나'라는 사실을 알게 되고, 자연스럽게 공공택지-민영아파트의 특별공급과 일반공급의 비중도 짐작할 수 있습니다. 또, 투기과열지구와 청

약과열지역이므로 1순위 자격요건에 제한이 있고, 입주자모집공고
문에 해당 부분이 적혀 있는 것을 알 수 있습니다.

　　그다음 부분에는 당첨자의 우선공급 선정지역에 대한 기준으로,
입주자모집공고일 현재 하남시 2년 이상 거주한 자에게 일반공급
세대수 30% 우선공급, 경기도 2년 이상 계속 거주자에게 20%, 나
머지 50%를 수도권 거주자에게 공급한다는 것을 확인할 수 있습니
다. 입주사모집공고문에서 중요한 부분은 형식은 다르지만 강조되
어 있습니다. 청약자격에 대한 부분, 당첨자 선정방식에 관한 부분
등을 특히 중요하게 공지합니다.
　　그리고 입주자모집공고의 특별공급, 일반공급 1순위, 일반공급 2

감일 푸르지오 마크베르 입주자모집공고

순위, 당첨자 발표일, 당첨자 서류접수, 계약체결과 같은 일정을 설명합니다.

실제 입주자모집공고문을 볼 때는 앞부분에 적힌 깨알 같은 글씨보다는, 중간부터 나오기 시작하는 총 공급호수, 분양가격 등에 더 눈이 가는 게 사실입니다. 그런데 입주자모집공고문에서 제대로 확인해야 하는 내용은 오히려 깨알 같은 약관처럼 적힌 부분에 담겨 있습니다. 이 부분을 다 읽고 내용을 파악한 후에 이어서 나오는 구체적 내용을 보면 이해가 더 잘됩니다.

기본적인 설명 이후 공급 내역 및 공급금액, 여기에 주택의 기본 타입들, 세대별 계약면적과 대지지분, 총 공급 세대수, 특별공급과 일반공급 등 모집 요강이 설명됩니다. 아래처럼 생겼습니다.

일반적으로 대부분 사람들이 입주자모집공고에서 공급금액과

Ⅰ 공급내역 및 공급금액

- 「주택공급에 관한 규칙」 제20조에 의거 하남시 하남사 주택과-39720호(2020.10.22.)로 입주자모집승인
- 공급위치 : 경기도 하남시 감일지구 내 주상복합용지 (주상1)
- 공급규모 및 내역 : 아파트 지하 3층~지상 29층, 5개동, 총 496세대 및 부대시설 및 판매시설 (기관추천 특별공급 32세대, 다자녀가구 특별공급 50세대, 신혼부부 특별공급 66세대, 노부모부양 특별공급 15세대, 생애최초 주택구입자 특별공급 49세대 포함)
- 입주시기 : 2023년 6월 예정(정확한 입주일자는 추후 통보)
- 공급대상

(단위 : ㎡, 세대)

주택구분	주택관리번호 (아파트코드)	모델	주택형 (주거전용면적)	약식표기	세대별 계약면적					세대별 대지지분	총공급 세대수	공급 세대 수							일반 공급	최하층 우선배정 세대수
					세대별 공급면적			기타공용면적 (지하주차장 등)	계약면적			특별공급								
					주거전용	주거공용	소계					일반 (기관추천)	다자녀	신혼부부	노부모	생애최초	계			
민영주택	2020001165	01	064.8934A	84A	84.8934	25.0237	109.9171	48.9190	158.8365	27.3087	127	11	12	26	4	19	72	55	5	
		02	084.8937B	84B	84.8937	24.8306	109.7243	48.9195	158.6438	27.3098	203	21	20	40	6	30	117	86	8	
		03	114.9207A	114A	114.9207	31.6862	146.6069	66.2224	212.8293	36.9679	115	-	12	-	4	-	16	99	5	
		04	114.7639B	114B	114.7639	31.3609	146.1248	66.1321	212.2568	36.9175	51	-	6	-	1	-	7	44	-	
합 계											496	32	50	66	15	49	212	284	20	

납부 일정부터 살펴보기 바쁜데요, 가격 부분에서 눈여겨봐야 할 점은 타입별 분양가와 계약금, 중도금, 잔금에 대한 일정과 금액입니다.

■ 공급금액 및 납부일정 (단위: ㎡, 원)

주택형	동/라인(호)	층구분	공급세대수	공급금액			계약금(20%)	중도금(60%)				잔금(20%)
				대지비	건축비	계	계약시	1회(15%) 2021-01-15	2회(15%) 2021-06-15	3회(15%) 2022-05-15	4회(15%) 2022-10-15	입주지정월
84A	101동 4호 (11~20층) 102동 4호 103동 4호 104동 4호 105동 4호	4층	4	354,399,640	165,400,360	519,800,000	103,960,000	77,970,000	77,970,000	77,970,000	77,970,000	103,960,000
		5층	4	357,945,000	167,055,000	525,000,000	105,000,000	78,750,000	78,750,000	78,750,000	78,750,000	105,000,000
		6~10층	20	368,444,720	171,955,280	540,400,000	108,080,000	81,060,000	81,060,000	81,060,000	81,060,000	108,080,000
		11~20층	50	378,944,440	176,855,560	555,800,000	111,160,000	83,370,000	83,370,000	83,370,000	83,370,000	111,160,000
		21~29층	42	389,512,340	181,787,660	571,300,000	114,260,000	85,695,000	85,695,000	85,695,000	85,695,000	114,260,000
	101동 4호 (4~19층)	4층	1	350,922,460	163,777,540	514,700,000	102,940,000	77,205,000	77,205,000	77,205,000	77,205,000	102,940,000
		5층	1	354,399,640	165,400,360	519,800,000	103,960,000	77,970,000	77,970,000	77,970,000	77,970,000	103,960,000
		6~10층	5	364,899,360	170,300,640	535,200,000	107,040,000	80,280,000	80,280,000	80,280,000	80,280,000	107,040,000
84B	101동 3호 102동 3호 103동 2,3호 104동 2,3호 105동 2,3호 (9~29층)	4층	6	353,786,020	165,113,980	518,900,000	103,780,000	77,835,000	77,835,000	77,835,000	77,835,000	103,780,000
		5층	6	357,263,200	166,736,800	524,000,000	104,800,000	78,600,000	78,600,000	78,600,000	78,600,000	104,800,000
		6~10층	34	367,762,920	171,637,080	539,400,000	107,880,000	80,910,000	80,910,000	80,910,000	80,910,000	107,880,000
		11~20층	80	378,330,820	176,569,180	554,900,000	110,980,000	83,235,000	83,235,000	83,235,000	83,235,000	110,980,000
		21~29층	67	388,830,540	181,469,460	570,300,000	114,060,000	85,545,000	85,545,000	85,545,000	85,545,000	114,060,000
	105동 2,3호 (4~8층)	4층	2	350,308,840	163,491,160	513,800,000	102,760,000	77,070,000	77,070,000	77,070,000	77,070,000	102,760,000
		5층	2	353,786,020	165,113,980	518,900,000	103,780,000	77,835,000	77,835,000	77,835,000	77,835,000	103,780,000
		6~10층	6	364,285,740	170,014,260	534,300,000	106,860,000	80,145,000	80,145,000	80,145,000	80,145,000	106,860,000
114A	101동 1호 102동 1호 103동 1호 104동 1호 105동 1호	4층	5	449,169,840	209,630,160	658,800,000	131,760,000	98,820,000	98,820,000	98,820,000	98,820,000	131,760,000
		5층	2	454,010,620	211,889,380	665,900,000	133,180,000	99,885,000	99,885,000	99,885,000	99,885,000	133,180,000
		6~10층	25	468,464,780	218,635,220	687,100,000	137,420,000	103,065,000	103,065,000	103,065,000	103,065,000	137,420,000
		11~20층	50	482,850,760	225,349,240	708,200,000	141,640,000	106,230,000	106,230,000	106,230,000	106,230,000	141,640,000
		21~29층	30	497,373,100	232,126,900	729,500,000	145,900,000	109,425,000	109,425,000	109,425,000	109,425,000	145,900,000
114B	101동 2호 102동 2호	4층	2	442,829,100	206,670,900	649,500,000	129,900,000	97,425,000	97,425,000	97,425,000	97,425,000	129,900,000
		5층	2	447,601,700	208,898,300	656,500,000	131,300,000	98,475,000	98,475,000	98,475,000	98,475,000	131,300,000
		6~10층	20	452,055,860	215,644,140	677,700,000	135,540,000	101,655,000	101,655,000	101,655,000	101,655,000	135,540,000
		11~20층	20	476,510,020	222,389,980	698,900,000	139,780,000	104,835,000	104,835,000	104,835,000	104,835,000	139,780,000
		21~29층	17	490,964,180	229,135,820	720,100,000	144,020,000	108,015,000	108,015,000	108,015,000	108,015,000	144,020,000

이후에 특별공급 신청자격 및 당첨자 선정방법이 담겨 있습니다. 어떤 특공들이 있으며 어느 주택 타입에 몇 세대가 배분되는지를 파악할 수 있습니다.

특별공급에 관한 내용과 함께 특별공급 신청자가 지켜야 하는 요건들도 모두 적혀 있습니다. 본인이 어떤 특별공급에 넣을지를 알고 본다면, 해당 부분을 다시 한번 확인하는 정도로 생각하면 좋습니다. 깨알 같은 글씨로 적힌 유의사항도 꼼꼼히 확인해야 합니다.

■ 특별공급 주택형별 공급 세대수

구 분			84A	84B	114A	114B	합계
일반(기관추천) 특별공급	장애인	경기도형	2	4	-	-	6
		서울시형	-	1	-	-	1
		인천시형	-	1	-	-	1
	국가유공자	국가유공자 등	1	3	-	-	4
		장기복무제대군인	1	2	-	-	3
	10년 이상 복무군인		3	4	-	-	7
	중소기업근로자		3	4	-	-	7
	의사상자		1	2	-	-	3
다자녀가구 특별공급	해당시 및 경기도 거주자 (50%)		6	10	6	3	25
	서울특별시, 인천광역시 거주자 (50%)		6	10	6	3	25
신혼부부 특별공급	소득기준	우선공급(75%)	20	30	-	-	50
		일반공급(25%)	6	10	-	-	16
노부모부양자 특별공급	해당시 2년 이상 계속 거주자 (30%)		1	2	1	1	5
	경기도 2년 이상 계속 거주자 (20%)		1	1	1	-	3
	서울특별시, 인천광역시 거주자, 경기도 2년 미만 거주자 (50%)		2	3	2	-	7
생애최초 주택 구입자 특별공급	해당시 2년 이상 계속 거주자 (30%)		6	9	-	-	15
	경기도 2년 이상 계속 거주자 (20%)		4	6	-	-	10
	서울특별시, 인천광역시 거주자, 경기도 2년 미만 거주자 (50%)		9	15	-	-	24
합 계			72	117	16	7	212

※ 주택형별 특별공급대상 세대수는 공급세대수, 비율 등을 감안하여 배정하였으며, 배정호수가 없는 주택형에 대하여는 신청할 수 없습니다.
※ 일반(기관추천) 특별공급과 신혼부부 특별공급 및 생애최초 주택구입자 특별공급은 「주택공급에 관한 규칙」 제36조, 제41조 및 제43조에 따라 85㎡이하 이하 주택에만 공급됩니다.

예를 들어 민영주택의 신혼부부 특별공급을 염두에 두었다면, 특별공급 중 신혼부부 특별공급의 자격요건과 선정방법을 매우 꼼꼼히 읽어야 합니다. 아래는 선정방법이 적힌 부분입니다.

당첨자 선정방법

- 「주택공급에 관한 규칙」 제36조에 의거하여 관계기관의 장이 정하는 우선순위에 따라 공급
- 기관추천 특별공급의 경우 자격요건을 갖춘 자는 먼저 해당기관에 신청하여야 함.
- 일반(기관추천) 특별공급 대상자는 해당기관에서 선정하여 사업주체에 통보한 자만 신청 가능하며, 해당 기관에서 특별공급 대상자로 선정되었다 하더라도 반드시 해당 신청일에 인터넷 청약 신청의 방법으로 신청하여야 함. [미신청시 당첨자선정(동·호배정)에서 제외되며 계약 불가]
- 기관추천 예비대상자의 경우 주택형별 특별공급 입주자를 선정하고 남은 주택이 있는 경우 다른 특별 공급 신청자 중 선정되지 않은 자를 포함하여 무작위 추첨으로 입주자 및 예비입주자를 선정하므로, 입

민영주택의 신혼부부 특공은 먼저 '우선공급(소득 기준)'을 하고, 이후 공급 순위에 따라서 거주지역과 자녀 수에 따라 공급하며, 이게 동일하다면 추첨을 합니다. 신혼부부 우선공급은 공급대상의 75%를 도시근로자 월 평균소득 기준 100% 이하(맞벌이는 120%)에 공급하고, 우선공급에서 미분양된 주택이 있는 경우와 잔여 25%를 더해서 모두 일반공급으로 전환해서 추첨자를 뽑는다는 내용이 적혀 있습니다.

• 같은 순위 내에서 경쟁이 있는 경우 당첨자 선정방법
 – 1순위에서 경쟁이 있는 경우 다음의 순서대로 입주자를 선정합니다.
 1) 해당 주택건설 지역(하남시) 2년 이상 계속 거주자 30% → 경기도 2년 이상 계속 거주자 20%
  → 경기도 2년 미만, 서울, 인천 거주자 50%
 2) 미성년 자녀(태아를 포함한다) 수가 많은 자
  ★ 재혼인 경우 이전 배우자와의 혼인관계에서 출산·입양한 미성년자녀(전혼자녀)를 포함하되, 그 자녀가 신청자 또는 세대 분리된 재혼배우자와 동일한 주민등록표등본에 등재되어야 함.
  ★ 재혼 배우자의 친자녀(전혼 배우자의 자녀)는 신청자와 동일한 주민등록표등본에 등재된 경우만 해당
 3) 미성년 자녀수(태아를 포함)가 같은 경우 추첨으로 선정된 자
 – 제2순위에서 경쟁이 있는 경우에는 다음의 순서대로 입주자를 선정함
 1) 해당 주택건설 지역(하남시) 2년 이상 계속 거주자 30% → 경기도 2년 이상 계속 거주자 20%
  → 경기도 2년 미만, 서울, 인천 거주자 50%
 2) 미성년 자녀(태아를 포함한다) 수가 많은 자

순위 내 경쟁이 있다면 신혼부부 특공 당첨자 선정방식인 1) 해당 지역 2년 이상 거주자에서 30%, 경기도 2년 이상 거주자 20%, 경기도 2년 미만, 서울과 인천 거주자에서 50%를 배분하며, 2) 미성년 자녀(태아 포함) 수가 많은 자를 선정하고, 이마저도 같다면 추첨한다는 내용입니다.

이렇게 다른 특별공급 내용에 대해서도 모두 설명하고 나면 그 다음에 나올 내용이 일반공급 신청자격 및 당첨자 선정방법입니다. 민영주택 일반공급의 경우 1순위 자격요건에 관해 설명하고, 재당첨 금지 등 유의사항이 나옵니다. 민영주택의 경우 예치금이 중요하므로 해당 지역에 얼마의 예치금이 있어야 하는지도 설명하고요, 또 민영주택 전용면적 85제곱미터 이하일 때 투기과열지역에서는 100% 가점제 방식으로 선정하므로, 가점제에 관해서도 설명합니다. 청약가점제 점수표는 여기저기서 많이들 보았을 텐데요, 입주자모집공고에도 전체 내용이 나오며, 가점제 계산 시 필요한 확인서류 등에 대한 목록도 자세히 제공합니다.

　특별공급과 일반공급을 설명한 후에는 청약 신청방법으로 이 둘 모두를 설명합니다. 그다음에는 당첨자 발표 및 계약체결과 관련한 내용이 입주자모집공고문에 나옵니다. 계약에 필요한 서류들도 각 공급방식에 따라 다르므로 이 내용을 전부 모아서 입주자모집공고에 적습니다. 자신의 청약 신청방식과 해당 방식에 필요한 서류 등을 이 부분을 통해서 참고할 수 있습니다.

　이다음부터는 별도품목계약이라는 내용으로 주로 유상 혹은 무상 옵션에 관해 나옵니다. 옵션이란 발코니 확장공사를 포함하여 해당 사업 주체가 어떤 옵션들을 어떤 가격으로 공급하고 어떻게 결정할 수 있는지 등이 나와 있습니다. 아파트 유상 옵션은 대부분 선택합니다. 그런데 자가 주택이 아니라 투자 목적으로 주택을 구입하고 분양권 전매를 고려할 때는 유상 옵션을 선택하지 않는 경우도 있습니다. 이렇게 선택하지 않은 유상 옵션으로 인해 주택이 준공되었을 때 생활 편의성이 떨어질 수 있습니다.

여기까지 정리되면 이후 기타 계약자 안내라고 하여 본 사업에 대한 기타 상세한 내용이 적혀 있습니다. 입주예정일은 언제고, 감리회사는 이디이며, 단지 내 복리시설(커뮤니티 시설)들은 어떤 종류들이 있고, 자재나 재료 등은 어떤 기준을 충족하는지 에너지절약형 설계를 포함해서 성능 등급은 어떻게 되는지 등이 빼곡하게 나옵니다. 분양가 상한제 주택은 분양원가도 여기에 공개가 됩니다. 택지비가 얼마고 건축비가 얼마며, 가산비가 얼마인지도 모두 적혀있으므로 이 부분을 통해서 많은 정보를 얻을 수 있습니다.

마지막으로 유의사항이 나오는데요, 이 유의사항 부분은 단지 내 외부 환경이라거나 인허가 관련 리스크 등을 적는 부분입니다. 또 아파트의 마감 수준에 대해서도 적혀 있습니다. 이 유의사항 부분은 매우 꼼꼼히 읽어볼 필요가 있습니다. 주변의 여러 도시 기반시설들의 위치나 내용, 주요 공사, 인프라 관련한 변동사항, 학교와 관련한 내용 등 아파트의 입지 가치에 대한 설명이 주를 이루기 때문입니다. 분양 홍보물에서는 보지 못했던 내용이므로 유의사항은 청약을 고민하는 분이라면 정말 꼼꼼히 봐야 할 부분입니다.

입주자모집공고문을 처음부터 끝까지 찬찬히 몇 번 읽다 보면 자연스럽게 청약에 대한 이해도가 높아집니다.

요즘은 청약 정보를 전문적으로 정리해주는 네이버 블로거, 유튜버가 많습니다. 그들도 입주자모집공고를 기반으로 내용을 정리해서 올립니다. 그러니 스스로 세세한 사항을 챙기는 습관을 들이는 게 좋습니다. 집은 살면서 구입하는 상품 중 고가에 속하는 만큼 스스로 챙겨서 살펴보기를 바랍니다.

새로 시작하는
사전청약제도는 뭔가요?

2021년 7월부터 사전청약제도가 시행됩니다. 사전청약이란 해당 주택의 본 청약 이전에 미리 청약할 수 있도록 하는 제도입니다. 주택 수요는 많고 주택 공급은 시차를 두고 따라올 수밖에 없어서, 수요를 분산하는 효과 때문에 주택가격 급등기에 종종 사용되었던 제도입니다.

사전청약은 본 청약 1~2년 전에 미리 할 수 있습니다. 2021년 상반기에 사전청약시스템을 만들어서 하반기부터 할 수 있도록 할 예정입니다.

사전청약 예정지는 어디일까요?

▓▓▓ 3기 신도시

추진 일정		주요 입지 및 청약 물량 (단위: 천 호)
2021년	7~8월	인천 계양(1.1), 노량진역 인근 군부지(0.2), 남양주 진접2(1.4), 성남 복정1·2(1.0), 의왕 청계2(0.3), 위례(0.3)
	9~10월	남양주 왕숙2(1.5), 남태령 군부지(0.3), 성남 신촌(0.2), 성남 낙생(0.8), 시흥 하중(1.0), 의정부 우정(1.0), 부천 역곡(0.8) 등
	11~12월	남양주 왕숙(2.4), 부천 대장(2.0), 고양 창릉(1.6), 하남 교산(1.1), 과천 과천(1.8/2018년 발표 지구), 군포 대야미(1.0), 시흥 거모(2.7), 안산 장상(1.0), 안산 신길2(1.4), 남양주 양정 역세권(1.3) 등
2022년		남양주 왕숙(4.0), 인천 계약(1.5), 고양 창릉(2.5), 부천 대장(1.0), 남양주 왕숙2(1.0), 하남 교산(2.5), 용산 정비창(3.0), 고덕 강일(0.5), 강서(0.3), 마곡(0.2), 은평(0.1), 고양 탄현(0.6), 남양주 진접2(0.9), 남양주 양정 역세권(1.5), 광명 학온(1.1), 안양 인덕원(0.3), 안양 관양(0.4), 안산 장상(1.2), 안양 매곡(0.2), 검암 역세권(1.0), 용인 플랫폼시티(3.3) 등

*사전청약 일정은 추진 과정에서 변동 가능. 용산 정비창은 2022년 하반기 공급(변동 가능).

사전청약의 시작은 2021년 7~8월, 인천 계양지구 1,100세대, 노량진역 인근 군부지에 200세대, 남양주 진접지구 1,400세대, 성남 복정1-2구역 1,000세대, 의왕 청계구역 300세대, 위례 300세대입니다. 이 중 인천 계양신도시가 3기 신도시에 해당합니다. 나머지 지역의 사전청약은 어디일까요? 여기는 3기 신도시 외에도 정부가 추진하는 공공택지지구 목록입니다. 인천 계양지구의 첫 마을이 사전청약 대상지인데, 보통 첫 마을은 주변 환경과 인접한 지역으로 공급합니다.

9~10월에는 3기 신도시인 남양주 왕숙지구 1,500세대, 남태령 군부지 300세대, 성남 신촌 200세대, 성남 낙생 800세대, 시흥 하중

1,000세대, 의정부 우정 1,000세대, 부천 역곡 800세대입니다. 이때는 남양주 왕숙신도시의 첫 마을이 사전청약을 개시합니다.

11~12월에는 남양주 왕숙 2,400세대, 부천 대장지구 2,000세대, 고양 창릉 1,600세대, 하남 교산 1,100세대 등 사실상 모든 3기 신도시 첫 마을들이 일제히 사전청약에 나섭니다. 이외에도 과천 과천지구 1,800세대, 군포 대야미지구 1,000세대, 시흥 거모지구 2,700세대, 인천 검상지구 1,000세대, 안산 신길2지구 1,400세대, 남양주 양정역세권 1,300세대 등을 공급합니다.

2021년에 총 3만 세대가 공급될 계획입니다. 2022년 사전청약 일정은 정확히 나오진 않았지만 왕숙지구 4,000세대, 인천 계양지구 1,500세대, 고양 창릉지구 2,500세대, 부천 대장지구 1,000세대, 남양주 왕숙2지구 1,000세대, 하남 교산지구 2,500세대가 공급될 예정입니다.

공공택지로 사람들의 가장 높은 관심을 받는 지역들도 공급되는데, 서울의 용산 철도정비창 3,000세대, 고덕 강일지구 500세대, 강서지구 300세대, 마곡지구 200세대, 은평지구 100세대, 고양 탄현지구 600세대, 남양주 진접지구 900세대, 남양주 양정역세권 1,500세대, 광명 학온지구 1,100세대, 안양 인덕원지구 300세대, 안양 관양지구 400세대, 안산 장상지구 1,200세대, 안양 매곡지구 200세대,

검암역세권 지구 1,000세대, 용인 플랫폼시티 3,300세대입니다.

용인 플랫폼시티도 미니 신도시입니다. 이 사업은 GTX 역인 용인역(가칭)과 분당선 구성역과 연결된 말 그대로 플랫폼 역할을 할 신도시입니다. 총 2.7제곱킬로미터 면적으로 과천 지식정보타운보다 2배 이상 넓으며 부천대장지구(3.3제곱킬로미터)보다 약간 작은 면적이라서 사실상 신도시 하나가 추가되는 것과 같습니다.

사전청약은 국민주택에 해당하므로 특별공급 비중이 85%, 일반공급 비중이 15%일 것으로 추정됩니다. 특별공급 자격이 있다면 사전청약부터 준비하는 것을 추천합니다.

사전청약 대상 주택이 국민주택이어서 민영주택에 도전하는 예비 청약자의 수요를 사전청약으로 분산하기는 어렵지만, 2011년의 보금자리주택 분양 때와 같은 시장 분위기를 형성할 수 있으리라 생각합니다. 수도권 공공택지로 시세 대비 매우 저렴한 주택이 일제히 공급되는 만큼 그 영향력은 과거와 마찬가지로 있을 것이기 때문입니다.

3기 신도시 분양을
어떻게 준비할까요?

정부는 2018년 말부터 3기 신도시 공급계획을 순차적으로 발표해왔고, 2021년에도 추가로 26만 호의 신도시 공급계획을 내놓았습니다. 3기 신도시의 총 규모가 100만 호를 넘어섰습니다.

수도권에 공급되는 3기 신도시는 남양주 왕숙1신도시 5.4만 호, 왕숙2신도시 1.5만 호, 하남 교산신도시 3.4만 호, 인천 계양신도시 1.7만 호, 고양 창릉신도시 3.8만 호, 부천 대장신도시 2만 호입니다. 2021년에 추가 발표된 신도시로 광명 시흥은 7만 호입니다.

이들 신도시 외에도 공공택지지구로 과천지구 0.7만 호, 안산 장상지구 1.4만 호, 부산 대저 1.8만 호, 광주 산정 1.3만 호 등이 중규모 신도시로 공급됩니다. 용인 플랫폼시티도 상세 세대수는 정해지지 않았지만 면적이 미니 신도시급이므로 1만 세대 이상 건설될 것으로 보입니다.

이렇게 공급되는 신도시는 공공택지이며, 공공택지에 공급되는 국민주택은 총 85%가 특별공급됩니다. 공공택지개발지구라 하더라도 모든 주택이 공공주택은 아니며, 일부는 민영주택으로 공급됩니다. 앞선 사례처럼 택지개발지구 내 필지가 매각되어서 민간이 주택을 공급하는 경우입니다. 이때에도 특별공급은 58% 이상이 됩니다. 한마디로 3기 신도시 계획에서 특별공급의 비중은 무척 높습니다.

이런 흐름 속에서 특별공급의 자격을 확보할 수 있다면 매우 유리한 위치에 설 수 있습니다. 특히 특별공급의 비중 중 가장 높은 생애 최초 특별공급과 신혼부부 특별공급을 받을 수 있다면 더욱 그렇겠죠. 이들 특별공급을 통해서 현재 인기 지역의 주택을 시세 대비 매우 낮은 가격에 취득한 이들도 적지 않습니다.

가장 최근의 사례를 살펴보면, 수도권 내 공공택지 중 최근에 분양하면서 시장에서 제일 인기가 높았던 지역이 과천 지식정보타운 신도시입니다. 이 신도시는 도시개발사업으로 건설된 공공택지지구로, 분양가 상한제가 적용되는 지역입니다. 미래의 3기 신도시와 사실상 같다고 볼 수 있겠죠.

2020년 말 공급되어서 시장을 뜨겁게 달궜던 과천 지식정보타운에는 3개 단지가 있었습니다. S4블록 과천푸르지오어울림라비엔오, S5블록 과천르센토데시앙, S6블록 과천푸르지오오르투스 등입니다.

이 3개 단지는 과천 지식정보타운을 조성한 사업시행자였던 대우건설, 태영건설, 금호건설 등이 총 3개의 택지지구 내 주택용지를 환지로 받아 민영주택으로 공급할 수 있었습니다.

수도권 공공택지지구 내 입주자를 모집할 때 지역 배분은 당해 지역이 30%, 경기도가 20%, 수도권이 50%입니다. 과천도 같았습니다. 참고로 서울시와 인천시 등 특별광역시 내 택지지구에서 입주자 모집을 할 때 특별광역시 50%, 수도권 50%로 나뉘는데요, 가령 서울 용산 택지지구에서 입주자를 모집한다면 서울시 거주자 중에서 50%를, 수도권 거주자 중에서 50%를 모집한다는 의미입니다.

이렇게 과천 3개 단지가 과천 30%, 경기도 20%, 수도권 50%에서 입주자를 모집하고, 분양가 상한제 적용대상 단지다 보니 라비엔오의 경우 평당 약 2,376만 원, 데시앙의 경우 약 2,373만 원, 오르투스의 경우 약 2,403만 원에 공급할 수 있었습니다. 이는 주변 시세 대비 약 40% 이상 가격이 저렴해 청약 열기가 뜨거웠습니다.

특별공급을 보면 국민주택 규모에서 특별공급이 221세대, 일반공급이 167세대입니다. 특별공급은 57%, 일반분양은 43%입니다.

85제곱미터를 초과하는 주택분에 대해서는 특별공급이 없고 일반분양 100%의 비중으로 공급하였습니다. 또 해당 지역은 투기과열지역이어서 85제곱미터 이하의 일반분양은 가점제 100%로 선정되었습니다. 85제곱미터를 초과할 때는 가점제 50%, 추첨제 50%로 선정되었습니다.

추첨제를 시행하는 방법도 일반적으로 모든 신청자가 동등한 자격으로 신청할 수 있는 것은 아닙니다. 종전의 추첨제와 달리, 2018년 12월 11일부터 시행하는 추첨제는 무주택세대 구성원을 더욱 배려하게 되어 있습니다.

추첨은 무주택세대 구성원에게 추첨 물량의 75%를 배분합니다. 나머지 25%는 낙찰받지 못한 무주택세대 구성원을 포함하여, 1주택 처분 의사를 밝힌 사람들까지 모두 포함해서 추첨하는 형식입니다.

'공공택지에 공급하는 민영주택'은 이런 형식으로 주로 운용되며, 앞으로 나올 3기 신도시에도 민영주택들이 계획되어 있으니 과천지식정보타운 3개 블록의 청약 구조를 이해해두면 도움이 됩니다.

공공택지에 공급하는 국민주택은 어떨까요? 이 경우에는 85%의 특별공급과 15%의 일반공급이 있어서, 일반공급 비중이 매우 낮습니다. 공공택지는 기본적으로 분양가 상한제 적용대상 주택군이며, 일반공급은 당첨방식에서 순위순차제를 적용합니다.

저는 그동안 청약제도를 개편하고 3기 신도시의 주택을 공급하면, 최근 급증하는 주택 수요를 분산해 시장 안정화에 도움이 된다고 여러 매체를 통해 주장해왔습니다. 특히 민영주택의 가점제 비율이 일부 지역에서 100%까지 올라간 것은 이해당사자에게는 청약 박탈이나 마찬가지라는 점도 거론해왔습니다.

청약을 들여다볼수록 이른바 '그들만의 리그'라는 말이 떠오릅니다. 자격이 되는 사람에게는 특공이 매우 유리하지만, 3040세대의 경우 자격이 되지 않으면 기회를 잡기가 힘들기 때문입니다. 과거 오랜 기간 청약제도가 수정되어왔듯이 2020년대에 걸맞게 1인 가구나 청년 대상 특별공급 신설, 소득 기준의 철폐, 가점과 추첨 비율 조정 등 합리적으로 제도가 개선되기를 기대해봅니다.

주택담보대출을
받으려고 하는데요

　많은 사람이 주택을 살 때 맞닥뜨리는 문제가 자금입니다. 주택 가격이 웬만한 도시 근로자 연 소득의 몇십 배 수준이기 때문에, 주택가액 전체를 현금으로 지불할 수 있는 사람은 많지 않습니다.

　통계적으로도 국내 2천만 가구 중에서 상위 8% 가구만이 순 자산 10억 원(부동산, 금융자산 등을 모두 합산해서) 이상을 소유하고 있습니다. 가령, 수도권에 10억 원 시세의 주택에 주택담보대출이 4억 원이 있고, 예금과 현금, 주식 등으로 4억 원이 있다면 이 가구의 순자산은 10억 원이 됩니다. 이 정도의 자산 상태라면 대한민국 상위 8%에 해당하는 상당한 자산이 있는 가구입니다.

　통계적으로 순 자산이 3억 원 이하인 가구가 1인 가구 등을 모두 포함해서 전체 2천만 가구 중 60%에 해당하며, 3억 초과~10억 미만인 가구가 32% 정도 됩니다.

전국 평균 주택가격은 3억 원대지만, 고가 주택 기준은 시세 9억 원이 넘습니다. 이 정도의 고가 주택을 현금으로 산다는 것은 상당히 무리죠. 그래서 주택을 구입할 때는 주택담보대출 등을 받아서 구입하거나, 혹은 주택을 구입하되 거주할 생각이 없다면 전세를 끼고 주택을 매수하는 형태로 사는 것이 일반적입니다.

이 중 주택담보대출(이하 주담대)을 받아서 진행하는 경우를 생각해보겠습니다. 2017년 이전까지 주담대는 주택 담보가액 대비 70%까지 받을 수 있었습니다. 이때의 담보가액 대비 대출액 비율을 바로 LTV라고 합니다. 여기서 밸류, 즉 담보가액은 시세가 아니며, 시세 등을 기초로 한 금융기관의 담보가액을 의미합니다. 그래서 본인이 사고자 하는 주택의 시세가 6.3억 원이더라도 은행에서 정한 담보가액이 6억 원이라면 이때 LTV 계산에 사용되는 금액은 6.3억이 아닌 6억 원임을 알아야 합니다.

그러니 주택을 구입할 때 매매계약을 체결하기 전에 미리 은행을 찾아가서, 해당 주택의 담보가액과 대출한도가 어디까지 나오는지를 알아봐야 합니다.

먼저 시중 5대 은행을 통해서 주택담보대출을 받는 경우를 생각해볼까요? 이른바 1금융권인데요, 이 경우 은행은 대출을 받으려는 차주의 주택 소유 여부, 소득, 해당 주택이 조정지역이나 투기과열지구 등에 속해 있는지 등을 살펴보고 대출 가능 여부나 한도 등을 결정합니다. 까다로운 기준에 부합한다면 시중에서 사실상 가장 낮은 금리로 대출을 받을 수 있습니다. 대출은 보통 거래 금액의 잔금일에 집행됩니다. 중간에 자금흐름이 꼬이는 것을 방지하는 안전책인 셈입니다.

요즘 1금융권 은행들의 대출 기준이 매우 엄격해지고 있습니다. 가계 대출과 관련해 다양한 규제들이 지속해서 발표 중이기 때문에, 은행에서 주담대를 받는 것이 과거와 달리 나름 까다로운 일이 되고 있습니다.

2019년 12.16 부동산 정책에서 15억 초과 주택에 대해서는 LTV 0%를, 9억 초과 고가 주택에 대해서는 LTV 20%를 적용하는 대출규제가 시행되고 있습니다. 만약 주택가격이 9억 원 이하라면 투기과열지역에서 LTV 40%를 적용해서 3억 6,000만 원의 주택담보대출을 실행할 수 있는데요, 주택가격이 10억 원이라면 9억 원 이하인 3억 6,000만 원 + 9억 초과분인 1억 원의 20%인 2,000만 원을 더해서 총 3억 8,000만 원의 대출을 받을 수 있게 되었습니다.

그런데 15억 초과의 경우에는 원천적으로 대출이 0%가 되었습니다. 그렇다면 15억 원을 넘는 주택의 경우에 실제로 대출을 아예 받지 못할까요? 그건 아닙니다.

　정부의 대출 규제는 '주택 구입 시'에 적용됩니다. 즉, 15억 원 초과 주택을 대출을 받아서 주택을 구입하고자 할 때는 LTV 0%를 적용받지만, 만약 기존에 이미 보증금 승계로 주택을 구입한 상황에서 주택 소유주가 임차인 퇴거를 목적으로 대출을 받을 때는 위 기준대로 9억 이하 40%로 최대 3.6억 원, 9억 이상~15억 이하 20%로 최대 1.2억 원, 15억 초과 0%의 대출을 집행할 수 있게 됩니다. 즉, 15억 원이 넘어도 최대 4.8억 원의 주택담보대출을 받을 수 있다는 말입니다.

　제1 금융권이 아니라 제2 금융권으로 넘어가면, 주택담보대출을 취급하는 기관이 줄어들지만 반대로 가계 대출이 아니라 사업자 대출 형태로 실질적인 주담대를 받는 방법을 알려줍니다. 가령, 가계 대출은 안 되지만, 사업자가 주택을 담보로 대출을 받는 것은 여전히 가능합니다. 이를 어떻게 응용하고 있을까요?

　앞선 사례에서 개인이 주택을 전세 끼고 매입하고, 2년이 경과하자 소유주가 임차인 퇴거 대출을 받고자 하는 상황을 예로 들어보겠습니다. 이 경우 1금융권에서는 최대 받을 수 있는 기준이 가계

대출 규제를 준용하기 때문에 앞선 비율대로 받을 수 있죠. 그런데 2금융권에서는 그 주택의 소유주에게 임의의 사업자등록을 하도록 추천합니다. 사업자로 등록된다면 그 사업자인 주택 소유주가 자기 주택을 담보로 사업자 대출을 받을 수 있습니다. 이 경우에는 '신규 구입 시'에 해당하지 않으므로 담보 비율 규제도 적용되지 않고 일반적인 사업자 대출 비율이 준용되어서, LTV 70~80% 이상의 높은 레버리지를 활용할 수가 있습니다.

일반적인 저축은행 홈페이지에서 '주택담보대출'의 메뉴를 검색하면 흔히 개인/개인사업자/법인 등 3종류의 차주를 대상으로 대출을 일으킬 수 있습니다. 개인은 최대 8억 원까지, 개인사업자는 무려 최대 50억 원까지 빌릴 수 있습니다. 법인사업자는 최대 100억 원을 빌릴 수 있습니다. 이때 대출한도는 담보 평가나 심사에 따라 상이하다고 나와 있는데, 은행마다 관리 기준이 다르겠지만, 많은 곳에서 담보가액의 70~80% 이상의 높은 비율로 빌려주는 것이 일반적입니다.

즉, 개인사업자 대출은 가계 대출이 아니라 사업자 대출로 잡히면서, 실질적으로는 주택담보대출에 활용되기 때문에 이러한 방식으로 우회해서 대출 규제를 무력화하는 방법도 매우 발달한 것이 현재의 대출제도입니다.

2020년 6.17 부동산 대책이 발표되기 전까지는 개인이 1인 법인을 설립해서, 해당 법인이 주택을 구입하고 주택담보대출을 받는 것이 유행한 적도 있습니다. 이러한 유행은 2017년 8.2대책이 발표되면서 다주택자 규제가 시작된 이후 약 3년간 일어났는데, 이 기간에 법인이 부동산 매매거래에서 차지하는 비중도 2~3%에서 지역마다 다르지만 25~30%까지 올라간 지역이 있을 정도로 유행을 탄 적도 있습니다. 현재는 법인의 경우 여전히 담보대출을 받을 수 있는 한도가 개인이나 개인사업자 대비 높지만, 법인의 부동산 소유 시 보유세가 최고세율로 부과되기 때문에, 보유세 면제 대상 주택이 아니고서는 법인이 주택을 구입하기는 쉽지 않게 되었습니다.

제2 금융권의 다양한 주택담보대출 제도로 인해서 여전히 가계의 대출 증가 속도는 높습니다. 가계는 주담대를 월 3~4조 원 수준으로 빌리고 있으며, 전세 대출도 3조 원대로 빌리고 있고, 또 신용대출 등도 3~4조 원 수준으로 월 10조 원 정도의 가계 대출을 일으키고 있습니다. 여기에 사업자 대출은 빠져 있는데요. 사업자 대출을 통한 기업부채의 증가도 고려한다면 실제로 주담대는 규모가 훨씬 크다고 할 수 있습니다. 숫자를 확인할 길은 없지만요.

이처럼 대출도 이제는 공부를 많이 해야 하는 시대가 되었습니다. 본인의 주택 문제 해결을 위해서는 복잡해 보이는 대출제도를 결국은 다 공부하는 수밖에 없습니다. 어렵다고 무시하지 말고, 여러 은행의 홈페이지를 꼼꼼히 살펴보고 발품을 팔아서, 어떤 대출을 받을 수 있는지 최대한 정보를 취합해놓길 바랍니다.

• **청약제도:** 청약통장의 자금 등을 활용하여 주택 건설을 촉진하기 위해 1977년부터 도입된 제도입니다. 무주택가구원이 시세보다 낮은 가격으로 주택을 취득할 수 있습니다. 제도 초창기에는 1인이 수십~수백 채 청약이 가능할 정도로 관리가 허술했고, 국민주택은 관리가 되더라도 민영주택에서는 부작용이 심했습니다. 점차 국민주택과 민영주택의 청약제도가 균형을 맞춰가기 시작했습니다.

현재의 청약제도는 2017년 8.2대책 발표와 함께 정리된 내용을 바탕으로 하며, 이 정책을 통해서 청약가점제가 전방위로 확대되었습니다. 투기과열지역에서 85제곱미터 이하의 주택은 종전 가점제가 75%였으나 100%로 확대되었고, 청약조정지역에서도 종전 40%에서 75%로 확대되었습니다. 이 과정에서 청약가점이 높은 가구에 주택이 돌아가는 긍정적 효과가 발생했지만 반대로 무주택 기간이 짧아 청약가점이 낮을 수밖에 없는 3040세대들은 청약시장에서 자연스럽게 배제되는 현상이 발생했습니다. 이렇게 청약시장에서 퇴출된 3040세대들이 기존 주택 시장으로 몰려가는 풍선효과가 발생하면서 2019년 하반기부터 1주택 갭투자 형태로 주택 구입을 시도하는 가구가 급증했고, 이후 부동산 가격 상승의 주원인이 되었습니다.

3기 신도시와 3080+ 주택 공급 방안 등을 통해서 2021년 하반기부터 3기 신도시의 사전청약을 비롯해 청약이 다시 주목받는 환경이 되었습니다. 무주택 가구와 1주택 가구의 경우 청약제도에 관심을 두고 청약 사이트 등을 통해서 꾸준히 정보를 들여다볼 필요가 있습니다.

청약은 크게 국민주택과 민영주택으로 나뉘며, 특별공급과 일반공급도 국민주택과 민영주택별로 모두 기준이 다르므로 자신이 청약할 수 있는 대상 주택이 무엇인지를 미리 확인해보는 것이 좋습니다. 입주자모집공고 전 청약 예치금이나 납입 회수, 또 거주지역 조건이 있는 경우에 거주기간 등을 잘 관리하면 원하는 결과를 얻을 수 있습니다.

• **생애 최초 특별공급:** 2020년 7.10대책 발표와 함께 청약에 생애 최초 특별공급의 비중이 대폭 확대되었습니다. 생애 최초 특별공급이란 세대 구성원 전부가 무주택인 경우에만 해당되며, 가점제 방식이 아니라 전부 추첨제 방식으로 공급됩니다. 생애 최초 특별공급도 특공이어서 소득 기준, 결혼 여부 등이 필요하므로 완전한 추첨제 방식은 아닙니다. 다만, 국민주택의 생애 최초는 20%에서 25%로, 민영주택도 종전 0%에서 공공택지는 15%로, 민간택지는 7%로 공급이 확대되었습니다. 점차 생애 최초 특별공급을 통해 주택을 취득할 기회가 늘어나고 있습니다.

PART

5

재건축과 재개발,
알고 투자해야 성공한다

재건축과 재개발은
무엇이 다른가요?

얼마 전 부동산을 주제로 이야기를 나누던 중에 그분이 계속 "주택재개발이… 재개발 말이야"라고 말을 했습니다. 그분이 가지고 있는 단지는 분명 재건축 단지에 속하는데 말이죠. 그래서 "저, 부동산 분야에서 오래 일하셨는데, 재건축과 재개발은 확실히 구분해서 말씀하시는 게 좋을 것 같습니다. 누가 들으면 부동산 초보라고 오해하겠어요"라고 이야기한 적이 있습니다. 순간 그분이 멋쩍어했지만, 다음부터 주의하겠다고 했습니다.

여러분은 재건축과 재개발의 차이에 대해 제대로 이해하고 있나요? 이 두 단어는 비슷해 보이면서도 다른 점이 꽤 많아서 용어를 구분해서 사용해야 합니다. 구분 없이 쓴다면 듣는 사람은 '아직 부동산 초보구나'라고 생각할 수가 있거든요.

주택재건축과 재개발은 원도심 재개발의 방식입니다. 원도심 중 주택용지, 그중에서도 대규모 면적을 일제히 멸실하고 새로 짓는 방식을 재건축 혹은 재개발이라고 합니다. 주변 환경은 양호한데 주택만 노후해서 주택만 새로 짓는다면 재건축이 됩니다. 반면 주변 환경도 열악할뿐더러 주택도 노후해서 주변 환경과 주택 모두 새롭게 지어야 한다면 재개발입니다.

주변 환경이라는 것은 도시의 기반시설인 도로와 공원, 학교와 같은 교육 시설 등을 의미합니다. 특히 현대식 도시는 직선으로 교차하는 격자형 도로망을 갖고 있으므로, 이런 형태의 도로가 아닌 지역에서는 대부분 재개발이라고 생각하면 됩니다. 재개발은 주로 오래된 역사를 갖는 도시의 원도심, 구도심 등 그 일대가 바뀌는 것입니다. 서울시로 치자면 강북권이 대부분 재개발지가 됩니다. 강남권은 주로 재건축 대상이 됩니다. 성남시의 경우, 수정구는 주로 재개발지역이 많고, 분당구는 앞으로 재건축이 많아지겠죠. 경기도에서 가장 많은 인구수를 차지하는 수원시로 치자면 장안구와 권선구 등이 구시가지이며, 팔달구와 영통구가 신시가지에 해당하므로 각각 재개발과 재건축으로 나뉩니다.

지방도 비슷한데요, 부산시도 중구와 동구 같은 구도심 권역이 있고, 해운대구와 같은 신도시권 지역이 있습니다.

주변 환경이 양호한지, 불량한지에 따라 재건축과 재개발이 달라지는 것 외에 다른 차이점은 무엇이 있을까요?

초과이익환수제 적용 여부

먼저 재건축은 기본적으로 초과이익환수제가 적용됩니다. 반면 재개발은 초과이익환수제가 적용되지 않습니다.

그러면 재건축이 재개발보다 이익이 적은 게 아닌가 하고 생각할 수 있습니다. 그러나 재개발은 다른 요구조건들이 더 붙습니다. 재개발은 주변 환경이 열악하고 주택도 낡아서 도심을 새롭게 재건하는 만큼, 새로 만들어질 때 도로나 공원, 학교 등으로 대표되는 시설들을 건설해야 하는 부담이 있습니다. 실제로 재개발할 때는 용지 일부를 기부 채납을 하는 경우가 많고, 이렇게 기부 채납된 용지에 도시 기반시설들이 들어서는 것이 일반적입니다. 이런 점 때문에 재개발에는 초과이익환수제를 적용하지 않습니다. 도시 기반시설을 건설해주기 때문이죠.

임대주택 의무공급 비율

임대주택에 대한 의무공급 비율도 주택재개발에만 있습니다. 주택재건축은 법규상 의무공급에 대한 기준이 없으며, 다만 용적률 인센티브를 받기 위해서 각 지자체의 조례 규정을 준수하고자 할 때 증가하는 용적률 부분의 일정 비율을 임대주택으로 건설하곤 합니다. 그래서 주택재건축을 일반적인 조합방식으로 하고자 할 때, 임대주택을 건설하지 않고도 사업을 추진할 수 있는 법적 제도가 존재합니다. 주택재개발은 법규에서 임대주택 공급 비중이 의무적으로 정해져 있어 주택재건축과 차이가 있습니다.

차이점 외에 공통적인 부분은 무엇이 있을까요?

재건축과 재개발에서 공통점은 해당 지역의 주택(토지)을 소유한 소유주들이 75% 이상 동의해 조합이라는 법인을 설립한 후 사업을 추진한다는 점입니다. 이를 절차상 '조합설립인가'라고 합니다. 뒤에서 공공 시행방식이나 공공재건축과 공공재개발에 대해서도 다루겠지만, 이번 편에서는 가장 일반적인 민간 조합방식을 다뤄보겠습니다.

이렇게 조합이 설립되면 해당 재건축 사업을 추진할 수 있는 법적 주체가 됩니다. 이는 창업과 상당히 비슷한 점이 있습니다. 이 조합의 주주들을 '조합원'이라고 부르는데요, 민간 기업에서의 주주들과 사실상 같다고 봐도 무방합니다.

조합을 설립하는 단계까지는 '재건축과 재개발 사업을 하는 데 동의한다' 정도로 소유주들이 합의한 상태입니다. 이다음부터는 재건축과 재개발 사업을 어떻게 진행할지 세세한 부분을 결정하게 됩니다.

법적 기준에 따라서 설계도 해보면서 용적률과 건폐율, 혹은 어떤 면적으로 공급할지를 결정합니다. 건축, 환경, 교통 등에 대해서 다양한 기준 등을 준수하며 사업의 구체적인 방법에 대해서 논의하고 이런 기준들을 다 맞춰가는 과정이 바로 '사업시행인가'라는 과정입니다.

그래서 사업시행인가는 조합설립인가보다 더 구체성이 드러나는 단계입니다. 우리는 이번 재건축 사업을 용적률 300%, 건폐율 20%, 종전 세대수 800세대에서 신규 세대수 1,200세대로 하고, 주거 전용면적별(예: 전용면적 59㎡ 몇 세대, 84㎡ 몇 세대, 110㎡ 몇 세대 등) 구성이나 각 세대수 조합은 어떻게 하고 등등을 구체적으로 결정하게 됩니다.

무엇보다 중요한 부분 중 하나는 조합이 사업시행인가를 받으면, 이 사업에 반대하는 소유주들에 대한 주택(토지)을 강제로 매입할 수 있는 수용권이 발생한다는 점입니다. 즉, 재건축 사업을 같이 할 주주가 되느냐, 아니면 제3자가 되느냐로 갈리는 순간입니다. 이렇게 사업에 반대하는 사람들의 지분을 조합이 사들여 그들에게 현금청산을 해주는 과정이 있습니다. 이때 소송도 많이 발생하곤 합니다. 현금청산금액에 대한 불만들이 생기기 때문입니다.

이러한 과정을 거치면서 이제 해당 사업을 추진하는 소유주들로만 구성된 조합이 사업인가까지 받으면, 이후 시공사를 선정합니다. 시공사 선정까지 끝나면 조합원들끼리 동호수 배정과 관련해서 추첨을 진행합니다. 이때 조합원들이 조합을 설립하면서 조합에 출자

한 자기 집(토지)의 가치, 즉 권리가액을 확정하게 됩니다. 이 권리가액은 결국 조합 전체 권리가액 중 내 지분율과 비슷한 개념입니다. 가령, 내 집은 권리가액 6억 원, 옆 동의 집은 권리가액 5.8억 원일 수가 있는데, 이런 차이점들이 나타나죠.

권리가액이 모두 결정되면 이제 '관리처분인가'라는 과정을 거치게 됩니다. 이 과정이 다 끝난다면 이주나 철거 과정을 거쳐 분양을 합니다. 이주나 철거도 마냥 쉽지만은 않습니다. 대부분 재건축 단지에는 철거를 반대하는 임차인들과 반대자 연합이 와서 시위를 벌이기도 해서 이들에 대해 보상을 진행해야 하는 조합도 많습니다.

일반분양까지 하고 시공에 들어가면, 이후 약 30~36개월간의 공사 기간을 거쳐 준공하게 됩니다. 조합원들이나 일반분양을 받은 사람들 모두 동시에 입주하며, 새롭게 건설된 단지의 소유주가 됩니다. 그리하여 이제 재건축 혹은 재개발은 대단원의 막을 내립니다.

다만, 조합원들의 경우 사업이 다 끝나고 난 후 재건축과 재개발 사업의 총 손익을 확정하는데, 이때 관리처분인가 때 계산했던 권리가액과 증감이 있을 수밖에 없습니다. 이 증감을 다시 한 번 배분하는 과정, 즉 정산 과정을 거치게 됩니다. 재건축과 재개발 활황기에는 이런 정산 때도 꽤 큰 수익이 발생해서, 조합원마다 정산이익을 상당한 규모로 받을 때가 많습니다. 반대로 사업 시기가 좋지 않아서 손실이 발생할 때도 있는데, 이때는 추가로 분담해야 합니다.

이처럼 정비사업은 시작부터 끝까지, 조합을 설립하고 그 조합을 계속해서 끌고 나가는 과정에서, 조합장이나 집행부 인원들이 바뀌기도 하고, 또 집행부에 불만을 품은 소유주들이 비상대책위원회를 세우면서 힘겨루기를 하기도 합니다. 갖은 소송을 하는 일도 비일비재합니다. 정비사업과 관련한 규제도 많아서 사업방식을 두고 갈등이 많을 수밖에 없습니다. 그 때문에 점점 더 사회가 발전하고 민주적 절차가 많아질수록 사업을 추진하는 속도는 점점 더 더뎌지고 있습니다. 평균적으로 정비사업은 13년가량 걸리는데, 오래 걸리면 20년 넘게 정비사업을 끝내지 못하기도 합니다.

정비사업 대상 아파트를 매수하고자 할 때는 정비사업의 절차나 위험요인 등에 대해서 먼저 파악하는 것이 중요합니다. 10년 이상 걸리는 정비사업 기간이 절대 짧지 않으며, 자산을 불려가는 과정에서 이 기간이 함정처럼 존재한다면, 충분한 자산 형성을 하지 못할 수도 있기 때문입니다.

재건축과 재개발, 겉으로 보면 손쉽게 사업이 진행되고 편하게 자산을 불린다는 인상을 주지만, 막상 정비사업의 조합원이 되고 나면 수많은 카톡방과 텔레그램방, 갖가지 루머와 억측, 제도적 어려움 등 스트레스 요인이 적지 않습니다. 인간이 가진 욕망의 끝을 보여준다고 해도 과언이 아닙니다. 이런 과정들을 거치면서 사업을 한다는 게 절대 쉽지 않다는 점, 대략 짐작이 가지요?

정비사업에
3가지 방식이 있다고요?

2021년 대통령 신년 기자회견에서 화두 중 하나가 부동산이었습니다. 특히 부동산 가격 상승이나 대책에 대한 날 선 질문들이 오고 갔는데요, 이때 대통령은 특별한 공급 대책을 준비하고 있다고 하면서, 2020년 가구 수 분파가 61만 가구로 그 전년도 2만 가구 대비 매우 높아서, 단기간 수요가 폭증했다며 이런 폭증에 대비해서 공급 대책을 마련하고 있다고 했습니다.

그리고 모두의 기대 속에 2021년 2월 4일 공급 대책이 발표되었습니다.

2.4대책은 수도권을 포함해 전국에 총 83만 호 수준의 주택을 추가로 공급하겠다는 계획입니다. 서울에 총 32만 호를 공급하겠

다고 하여 시장에 충격을 주었습니다. 그런데 서울시에는 공공이 소유한 토지가 많지 않고, 이미 공공 소유 택지는 용산을 포함해서 기존 공급 대책에서 13만 호 정도 공급을 담당하기로 되어 있던 만큼, 추가로 32만 호를 어떻게 공급할지에 대해 관심이 집중됐습니다.

그런데 서울 도심 내 주택 공급의 핵심은 바로 공공 시행방식 정비사업이라는 새로운 방식을 도입해서, 정비사업 기간을 13년에서 5년으로 단축하고 정비사업을 속도감 있게 추진한다는 내용이 가장 큰 변화 중 하나였습니다. 이런 변화를 통해서 도심 내 주택을 신속히 또 많이 공급할 수 있다는 계획이었지요.

2.4대책, 즉 특단의 공급 대책에도 불구하고 부동산 시장의 가격 상승세는 이어지며 그렇게 2.4대책에서 언급한 공공 시행방식 정비사업은 관심 밖으로 물러나는 듯했습니다. 그런데 과연 그럴까요? 공공 시행방식 정비사업은 어떤 의미에서 매우 파괴적인 제도입니다.

공공 시행방식이라는 것은 종전의 정비사업이 조합방식, 즉 민간이 시행사 역할을 하던 방식과 정반대 개념입니다. 공공이 시행하는 것이죠. 공공이 시행하기 위해서는 민간 소유주들의 동의가 필요합니다. 이미 조합이 설립된 단지라 하더라도 조합총회 참석인원 과반의 동의로 공공 시행방식으로 전환할 수도 있습니다. 어떻게 보면 민간 시행방식인 조합방식에서 공공 시행방식으로 전환하는 것이 상당히 쉬울 수 있다는 것입니다. 사업이 확정되려면 공기업이 시행사 자격으로 지자체에 정비계획 변경을 신청하고, 조합도 1년 이내에 3분의 2 동의(면적 기준 2분의 1)를 구하면 사업이 확정됩니다. 1년 안에 동의를 얻지 못하면 자동 취소됩니다.

공공이 시행한다는 것은 어떤 형태로 나타날까요? 정부가 밝힌 방법에 따르면 LH 등이 시행사가 되고, 현재의 소유주들로부터 주택(토지)을 사들입니다. 그리고 반대급부로 우선분양권을 제공합니다. 우선분양권은 조합의 입주권과 유사한 개념으로, 토지를 팔고 그 권리가액과 사업 손익에 맞춰서 새 주택에 입주할 수 있는 권리를 제공하는 것입니다.

시공사 선정과 같은 중요한 절차에서는 당연히 토지 소유주 등이 시공 브랜드를 선정해서 공공 시행자에게 통보하는 방식을 도입합니다. 소유주들이 원하는 브랜드 단지로 시공할 수 있다는 것입니다.

종전에는 조합설립인가 → 사업시행인가 → 관리처분인가 등 세 번에 걸친 중요한 인가 과정을 통해 정비사업이 진행되었다면, 공공 직접 시행방식은 사업시행인가 절차만 사실상 인가이며 나머지 부분은 대체할 수 있다는 의미여서 사업속도가 무척 빨라질 수 있습니다.

◆ **3종 일반주거지역**

국토의 계획 및 이용에 관한 법률에 따라 시민이 일상생활을 할 수 있도록 주택이 밀집한 곳을 주거지역으로 지정해 이를 세 종류로 나눴다. 3종 일반주거지역은 층수에 제한이 없는 고층주택 건축 개발지를 말한다.

공공 직접 시행방식을 선택하면 법적 상한 용적률의 120% 상향을 적용할 수 있게 합니다. 가령, 3종 일반주거지역*이라면 서울시 기준 250%인데, 법적 상한선인 300%의 1.2배인 360%가 됩니다. 절대 적지 않은 용적률 인센티브라고 할 수 있습니다.

또 종 상향(일반주거 2종에서 3종으로, 일반주거 3종에서 준주거로 상향하는 것)이나, 법적 상한 용적률을 적용하기 곤란한 경우에도 종전 민간 조합방식 세대수의 1.5배 이상(재개발 1.3배)을 보장하도록 층수 제한 역시 완화하는 내용을 담고 있습니다.

정비사업의 3가지 방식

결과적으로 정비사업은 이제 3가지 방식으로 바뀌었습니다.

첫째, 지난 수십 년간 이뤄져 온 현재의 조합 시행방식, 즉 민간 소유주들이 조합을 설립하여 사업 주체가 되는 형식이 있습니다. 이때 세 번의 인가(조합-사업-관리처분)를 거쳐서 진행합니다.

둘째, 공공 참여형 재건축과 공공 재개발로 조합이 시행하되, 공공을 관리자로 두어서 민관합작으로 수행하는 방식이 있습니다.

셋째, 공공이 직접 시행하는 공공 시행방식이 있는데, 이 방식은 공공이 토지 소유주의 토지를 사들이고 인가 절차를 생략해서 속도감 있게 진행하는 것이 목표입니다. 용적률 인센티브 등을 통해 사업 손익이 종전 조합 시행방식보다 높아집니다.

이렇게 3가지 방식이 존재하며, 정비사업 대상은 이 3가지 방식 중 자신들의 단지에 가장 유리한 방식을 선택할 수 있게 되었습니다. 아마도 두 번째 방식은 사실상 거의 없을 가능성이 높고, 결국 첫 번째 아니면 세 번째를 두고 선택해야 하는 상황입니다.

그런데 이처럼 선택지를 준다는 것 자체가, 정비사업이 종전 대비 제도적으로 발전했다는 것을 뜻하기도 합니다. 선택할 자유가 없는 것보다는 있는 편이 더 나으니까요.

다른 의미에서 보자면 공공 시행방식 정비사업은, 그간 공공이 신도시에 갖고 있었던 시행 기능을, 구도심에서도 확보하겠다는 의미이기도 해서 공공이 주택 시장에 갖는 영향력이 그 어느 때보다 강력해지는 것을 뜻하기도 합니다. 그간 구도심은 민간의 영역이었는데, 공공이 확대될수록 총 주택 공급과 관련해서 공공의 역할이 막강해질 수밖에 없습니다.

초과이익환수제란
무엇인가요?

정부는 2021년 2.4 공급 대책을 발표하면서, '공공 시행방식 정비사업'을 도입했습니다. 그리고 공공 시행방식을 촉진하기 위해서 도입한 제도가 바로 공공 시행방식에는 재건축 초과이익환수제 적용을 유예하겠다는 내용이었습니다.

여기서 재건축초과이익환수제란 무엇일까요? 초과이익환수제는 2005년 노무현 정부에서 8.31 부동산 대책 때 포함한 정책이었습니다. 실제는 2006년 3월 30일에 발표했었고, 당시 주택가격 상승의 주인공들이 주로 재건축 대상 아파트였기 때문에, 재건축 아파트에 대한 수요 위축을 위해서 재건축에만 초과이익환수제를 도입하게 되었습니다. 말 그대로 재건축을 하면서 발생되는 재건축 초과이익을 조합 또는 조합원으로부터 재건축 부담금으로 징수하는 제도입니다.

초과이익환수제를 이해하려면 먼저 재건축 초과이익을 계산할 수 있어야겠죠?

재건축 초과이익 = 종료 시점 부과 대상 주택가격 총액 — (개시 시점 주택가격 총액 + 정상 주택가격 상승분 + 개발비용)

예를 들어 종료 시점 가액이 10억 원, 개시 시점 가액이 5억 원, 개발비용이 2억 원, 정상 주택가격 상승분이 1억 원이라고 했을 때, 그럼 산술적으로 쉽게 재건축 초과이익이 나옵니다.

재건축 초과이익 = 10억 원 — (5억 원 + 1억 원 + 2억 원) = 2억 원

이때 초과이익이 조합원 세대당 3천만 원이 넘는다면 그에 비례

조합원 1인당 평균이익	부과율 및 분담금
3천만 원 이하	면제
3천만 원 초과~5천만 원 이하	3천만 원 초과 금액의 10% × 조합원 수
5천만 원 초과~7천만 원 이하	200만 원 × 조합원 수 + 5천만 원 초과 금액의 20% × 조합원 수
7천만 원 초과~9천만 원 이하	600만 원 × 조합원 수 + 7천만 원 초과 금액의 30% × 조합원 수
9천만 원 초과~1억 1천만 원 이하	1,200만 원 × 조합원 수 + 9천만 원 초과 금액의 40% × 조합원 수
1억 1천만 원 초과~	2,000만 원 × 조합원 수 + 1억 1천만 원 초과 금액의 50% × 조합원 수

해서 세율을 10%에서 1.1억 원이 초과할 때 50%까지 준공하는 시점에 내는 것이 재건축초과이익환수제입니다. 세율은 225쪽 표와 같습니다.

앞쪽의 식에서 '개시 시점(종전 시점)'이라는 것은 무엇일까요? 개시 시점은 조합의 추진위원회 설립일을 의미합니다. 그럼 종료 시점(종후 시점)은 언제일까요? 이는 해당 정비사업의 준공승인일을 의미합니다.

준공 시점의 주택가격 총액이라는 말은 재건축 준공 시점의 주택가격인 시세를 의미하는 것이 아니라, 감정원의 아파트 평가액이나 혹은 공시가격을 의미합니다. 보통 시세를 100%라고 한다면, 감정평가는 80~85%, 공시가격은 60~65%로 유지되어왔습니다. 재건축초과이익환수제에 따라서 세액을 계산할 때는 종료 시점에 감정원의 평가액을 적게 되어 있습니다. 아울러 종전 시점의 주택가격 총액 역시 평가액이 있는 경우 평가액을 쓰고, 그렇지 않다면 공시가격을 사용해 개시 시점 가액과 종료 시점 가액을 적게 합니다.

현재 정부의 공시가격 현실화 방안에 따라서 아파트의 공시가율이 상승하는 추세입니다. 예를 들어 10년 전에는 공시가율이 50%였다가 지금은 80%가 되는 경우가 있듯이, 미래에도 공시가격은 계속 올라갈 예정이므로 개시 시점 대비 공시가율의 차이로 인해서 세금이 많이 계산될 수도 있습니다.

개시 시점의 시세는 5억, 공시가격은 3억 원일 때 공시가율은 60%입니다. 그런데 종료 시점에 시세가 10억 원, 공시가격이 8억 원이라면 공시가율은 80%입니다. 개발비용 2억 원과 정상 시세 상승분 1억 원은 유지된다고 했을 때 분담금에는 어떤 차이가 생길까요?

재건축 초과이익 = 8억 - (3억 + 1억 + 2억) = 2억 원

그런데 정부는 2021년에, 개시 시점의 공시가율과 종료 시점의 공시가율이 다른 점 때문에 생기는 재건축초과이익환수 금액의 과다계상 부분을 수정하여, 개시 시점의 주택 가액을 종료 시점의 공시가율로 환산해서 적용하게 하였습니다.

개시 시점 주택 가액을 계산하는 식은, A × B × C로 변했는데요,

A는 개시 시점 주택 가액(위 경우 3억 원입니다)

B는 종료 시점 부과 대상 주택가격 총액(종료 시점 주택 가액, 위 경우 8억 원)을 종료 시점 실거래 가격(10억 원)으로 나눈 값의 80%가 됩니다.

C는 개시 시점 실거래 가격을 개시 시점 주택 가액으로 나눈 값입니다(위 경우 개시 시점 실거래 가격은 5억 원이었고, 주택 가액은 3억 원이

니 5억/3억 = 167%).

변경된 개시 시점 주택 가액 = 3억 원 × 80% × 167% = 4억 원입니다. 종전 식에서는 개시 시점 주택 가액이 3억 원이었지만, 변경된 식에서는 4억 원으로 올랐습니다.

이런 계산식을 적용한 이유는 무엇일까요? 개시 시점에는 공시가율이 60%인데, 종료 시점에는 80% 되기 때문에, 개시 시점과 종료 시점의 공시가율을 통일시키는 효과가 생깁니다. 즉, 초과이익 규모가 다소 경감되는 효과가 존재합니다.

이제 이 금액으로 다시 초과이익을 계산해보면,

재건축 초과이익 = 8억 - (4억 + 1억 + 2억) = 1억 원

1억 원에 대한 초과이익 세금은 1,200만 원 + 1천만 원의 40%를 계산하면 1,600만 원이 됩니다. 초과이익을 1억으로 볼 때 실효세율은 16%가 됩니다.

앞서 이야기했듯이 초과이익환수제는 재건축에만 존재합니다. 이처럼 초과이익환수제가 재건축에 대한 기대수익률을 낮추는 효과가 있다 보니, 정부가 2021년 2.4 공급 대책을 발표하면서 공공

시행 정비사업을 선택한 단지의 경우에는 초과이익환수제를 적용하지 않겠다고 했습니다. 아마도 이러한 혜택으로 인해 공공 시행방식 정비사업이 시장에 보다 빨리 안착할 수 있는 근거가 되리라 생각합니다.

정비사업의 수익성은
어떻게 계산하나요?

정비사업 대상 혹은 예정인 노후주택을 구매하고 싶다면 이때 판단해야 하는 기준은 무엇일까요? 당연히 적절한 가격인지가 큰 기준 중 하나겠죠. 그렇다면 무엇을 기준으로 평가해야 할까요?

정비사업 대상 주택을 구매할 때 중요한 개념 중 하나가 권리가액입니다. 권리가액을 구하는 공식은 다음과 같습니다.

감정평가액 × 비례율

감정평가액은 감정평가기관이 도출한 평가액이라는 건 알겠는데, 비례율이라는 것은 뭘까요?

비례율은 해당 사업의 수익성을 의미합니다. 예를 들어, 종전에 총 100의 가치가 있었는데, 사업 후에 총 130의 가치로 올라간다고 계산된다면 비례율은 130%가 됩니다. 비례율 100%는 이른바 손익 분기점을 뜻합니다.

재건축에서는 이를 무상지분율이라고 표현하다가, 요즘에는 대부분 비례율이라는 용어를 사용합니다.

감정평가액이 3억 원이고 비례율이 150%라면 4.5억 원이 권리가액이 되는 것이죠. 이렇게 계산된 권리가액은 종전 소유주가 보유한 토지(주택)의 가치를 의미하는데요, 이것이 중요한 이유는 소유주, 즉 조합원이 분양을 받는 조합원 분양가격과 권리가액의 차이만큼 추가 분담금을 내거나 혹은 환원받기 때문입니다.

어떤 단지가 재건축을 추진 중이고, 조합원 분양가격이 5억 원이라고 해볼게요. 이 조합원이 보유한 종전 부동산(주택)의 권리가액은 4.5억 원이에요. 그렇다면 이 조합원이 조합분양을 받기 위해서는 그 차액인 5천만 원을 추가로 분담해야만, 분양받을 수 있습니다.

반대로 같은 단지의 어떤 조합원은 권리가액이 5.5억 원입니다. 조합원 분양가격은 동일하게 5억 원이고요. 그렇다면 이 조합원은 그 차액만큼 환급을 받습니다.

서울 강남권에 있는 어느 재건축과 재개발 사업지의 매물을 찾아보면 다음과 같이 나오는 경우가 일반적입니다.

시세: 16.5억 원

대지/연면적: 24㎡/45㎡

추진 현황: 사업시행인가

매물 소개

신청 평형: 25PY

세대수: 418세대

관리처분인가 진행 중(2021년 10월 이주 예정)

권리가액: 3억 5천만 원

권리가액이 해당 정비사업에서 인정을 받는 가치라고 할 때 3.5억 원인데요, 시세는 무려 16.5억 원이네요. 그렇다면 시세에서 권리가액을 차감한 금액을 이른바 프리미엄이라고 불러야 할 것 같습니다. 여기서 프리미엄은 무려 13억 원으로 시세의 80% 수준이나 될 만큼 큰 것을 알 수 있죠.

왜 이렇게 프리미엄이 높을까요?

해당 사업의 조합원 분양은 5.1억 원으로, 권리가액 3.5억 원을 차감하면 총 1.6억 원의 추가 분담금을 내고 25평형의 신축 아파트를 분양받을 수 있게 됩니다. 주변의 25평형 신축 단지의 시세를 찾아봤더니 18억 원 정도가 평균가격입니다. 그렇다면 이렇게 생각할 수 있죠.

18억 원을 내고 주변의 25평형 아파트를 매수할 것인가? 아니면 25평형 재건축 아파트를 분양받을 수 있는 권리인 조합원 입주권을 16.5억 원에 추가 분담금 1.6억, 합산 18.1억 원에 구입할 것인가, 라고 말이죠.

매물의 시세는 이처럼 주변 아파트의 시세를 반영해서, 현재 권리가액의 몇 배에 해당하는 프리미엄이 붙기도 합니다.

보통의 경우라면 종전 주택의 시세 + 추가 분담금 = 주변 신축 평형 시세와 유사한 수준에서 결정됩니다. 만약 주변 신축 평형 시세 대비해서, 해당 정비사업 주택의 시세에 추가 분담금을 더한 가격이 낮다면, 시세보다 낮은 가격에 해당 주택을 살 수 있을지도 모릅니다.

차이점이라면 아직 지어지지 않은 주택, 즉 입주권을 사는 것과 다 지어진 실제 주택을 구매한다는 것입니다.

따라서 정비사업을 볼 때 중요한 점은 기존 주택 시세에 (조합분양가 – 권리가액)을 더한 가치가 주변 시세 대비 가격 면에서 장점이 있는지를 검토할 줄 알아야 한다는 것입니다. 설령, (정비사업 주택 시세 + 추가 분담금)이 주변 시세 대비 높다고 하더라도, 준공 이후에 신축 아파트의 가격이 주변 시세를 초과하리라 판단한다면 매수할 수 있겠죠. 그러나 그 반대의 경우라면 지금 고평가되었다고 판단할 수도 있습니다. 이처럼 재건축이나 재개발에 무턱대고 투자하기보다 잘 생각해서 접근할 필요가 있습니다.

분양가 상한제는
왜 도입됐나요?

뉴스를 보다 보면 분양가 상한제라는 말을 종종 들어봤을 텐데요. 분양가 상한제는 주택의 분양가격을 일정 기준 이하로 분양하게 하는 제도이며, 일정 기준이란 '택지비 + 건축비'를 말합니다. 주택은 토지와 건물로 이루어지므로 택지비 + 건축비란 결국 부동산을 건설하는 데 들어가는 원가를 의미합니다.

이때 택지비에서 공공택지는 공급가격을 의미합니다. 공공택지의 경우 LH 등에서 조성하는데, 그 조성하는 비용이 바로 공급가격입니다. 민간택지는 어떻게 산정할까요? 민간택지 중 정비사업의 경우에는 해당 정비사업지 전체의 감정평가액입니다. 공공택지의 공급가격 및 민간택지의 감정평가액에다가 그 택지를 조성하는 데 들어간 추가 항목들을 모아서 택지 가산비를 더하는 것입니다.

건축비는 어떻게 도출할까요? 건축비의 경우 정부가 주기적으로 고시하는 기본형 건축비(지상층 건축비 + 지하층 건축비)에다가 건축 가산비를 더해서 도출합니다.

분양가 자율화와 분양가 상한제 사이에서, 우리나라 주택 분양 시장은 시소를 타왔는데요. 주택 시장 침체기에는 분양가 자율화를, 주택 시장 활황기에는 분양가 상한제를 적용해왔습니다.

분양가 상한제를 적용하는 기준은 무엇일까요? 먼저, '공공택지 내 공동주택'은 의무 적용입니다. 여기서 공공택지란 앞으로 지어질 3기 신도시를 포함해서, 서울 및 수도권에 공급되는 공공 택지개발 방식의 택지에 전부 적용된다는 의미입니다.

'민간택지' 중에서는 주거정책심의위원회(이하 주심위)를 거쳐서 국토부 장관이 지정하는데요, 지정요건을 충족해야 주심위를 통해 지정 여부를 결정하며 그 기준은 아래와 같습니다(2019년 10월 29일

구분		요건
필수요건	ⓐ주택가격	주택가격 상승률이 물가상승률보다 현저히 높아 투기과열지구로 지정된 지역
선택요건	ⓑ분양가격	직전 12개월 평균 분양가격 상승률이 물가상승률의 2배 초과 (단, 분양 실적 부재 등으로 분양가격 상승률 통계가 없는 경우 주택건설지역 통계를 사용)
	ⓒ청약경쟁률	직전 2개월 모두 5:1(국민주택 규모 10:1) 초과
	ⓓ거래	직전 3개월 주택거래량이 전년 같은 기간에 비해 20% 이상 증가
정량요건 판단		ⓐ + (ⓑ or ⓒ or ⓓ)

주택법 시행령 개정).

　이처럼 분양가 상한제를 적용하게 된다면, 시세보다 낮은 가격에 주택을 분양받을 가능성이 매우 커집니다. 그래서 정부는 분양가 상한제 적용대상 주택의 경우 일정한 기간 동안 전매(매매거래)를 제한하고 있습니다.

　먼저 공공택지의 경우 인근 시세의 100% 이상 가격으로 분양했다면 투기과열지구는 5년 전매 제한, 그 외 지역은 3년간 전매를 제한합니다. 그런데 주변 시세의 80% 미만으로 공급했다면 전매 제한 기간은 2배 늘어나서 투기과열지구는 10년, 그 외 지역은 8년이 됩니다.

　민간택지의 경우에는 투기과열지구는 전매 제한이 5년입니다. 시세 80% 미만으로 공급한다면, 10년의 전매 제한 기간이 있습니다. 그 외 지역은 없습니다.

구분		전매 제한 기간	
		투기과열지구	그 외 지역
공공택지	분양가격 인근 시세의 100% 이상	5년	3년
	80~100%	8년	6년
	80% 미만	10년	8년
민간택지	분양가격 인근 시세의 100% 이상	5년	-
	80~100%	8년	-
	80% 미만	10년	-

민간택지 중 분양가 상한제 적용지역은 현재 어디일까요?

구분			지정
집값 상승 선도 지역	서울		강남, 서초, 송파, 강동, 영등포, 마포, 성동, 동작, 양천, 용산, 중구, 광진, 서대문
	경기	광명(4개 동)	광명, 소하, 철산, 하안
		하남(4개 동)	창우, 신장, 덕풍, 풍산
		과천(5개 동)	별양, 부림, 원문, 주암, 중앙
정비사업 등 이슈 지역	서울	강서(5개 동)	방화, 공항, 마곡, 등촌, 화곡
		노원(4개 동)	상계, 월계, 중계, 하계
		동대문(8개 동)	이문, 휘경, 제기, 용두, 청량리, 답십리, 회기, 전농
		성북(13개 동)	성북, 정릉, 장위, 돈암, 길음, 동소문동2·3가, 보문동1가, 안암동3가, 동선동4가, 삼선동1·2·3가
		은평(7개 동)	불광, 갈현, 수색, 신사, 증산, 대조, 역촌

　　분양가 상한제는 공공택지는 물론 민간택지에 공급하는 주택사업의 수익률을 낮추는 효과가 있어서, 분양가 상한제 적용 이후 주택 공급이 부족해질 가능성이 큽니다. 순수 민간 조합방식의 정비사업은 분양가 상한제 적용으로 인해서 사업 손익에 영향을 받을 것으로 보입니다.

　　한편, 공공 시행방식에도 분양가 상한제를 적용하지 않겠다는 말은 없습니다. 공공 시행방식의 경우 용적률 등에서 추가적인 인센티브를 만들어서, 분양가 상한제에도 불구하고 수익을 어느 정도 올릴 수 있게 하겠다고 합니다.

분양가 상한제 방식을 도입하면서 청약경쟁률이 높아지는 것은 당연합니다. 주변 시세 대비 60% 이하로 공급되는 경우도 종종 나오면서, 대기 수요자들은 분양가 상한제가 적용되었을 때 분양가격이 얼마가 되는지를 가장 궁금해합니다.

　앞으로도 분양가 상한제는 주택가격 급등이 일어난 지역에서 지속해서 유지될 가능성이 큰 만큼, 이 지역에서 분양되는 주택에 대해서는 특별히 관심을 두는 것이 좋습니다. 더불어 분양가 상한제 주택의 경우 전매 제한과 같은 준수요건이 명확하다는 점도 잊지 마세요.

- **분양가 상한제:** 공동주택의 분양가격을 일정 기준대로 분양하도록 하는 제도입니다. 분양가 상한제 적용 방식은 택지비와 건축비의 합으로 상한선을 정합니다. 분양가 상한제 적용대상 주택은 수도권 공공택지에서 공급하는 모든 주택이며, 민영주택도 서울, 경기의 일부 지역이 해당합니다. 분양가 상한제 적용대상 아파트의 경우, 주변 시세와 무관하게 원가방식의 분양가를 채택하기 때문에 대개는 시세보다 상당히 낮은 가격일 때가 많아, 청약 경쟁률이 특별히 높습니다.

- **권리가액:** 재건축이나 재개발 조합원이 보유한 주택에 대해서 가액을 평가한 것입니다. 권리가액은 시세가 아니며 정비사업에 출자한 조합원으로서 출자 지분의 가치를 평가받은 금액과 같습니다. 정비사업의 조합원은 조합원 분양가격으로 분양을 받으며, 해당 가격 대비 권리가액과의 차이를 추가로 분담하거나 혹은 환수받습니다. 가령 조합원 분양가액 5억 원, 권리가액이 4억 원이라면 추가 분담금은 1억 원이며, 반대로 권리가액이 6억 원이라면 1억 원을 환수받습니다.

- **재건축초과이익환수제:** 재건축 사업을 통해서 발생한 정상이익을 초과하는 초과이익에 대해서 일정 비율로 환수하도록 하는 제도입니다. 재건축의 초과이익은 사업이 종료된 시점의 주택가액에서 사업을 추진하던 시점의 주택가액을 차감하고, 정상적 주택가격 상승분과 개발비용을 차감하여서 도출합니다. 재건축초과이익환수는 준공 시점에 내야 해서 잔금을 준비함과 동시에 진행되므로 현금 부담이 발생합니다. 공공 시행 정비사업의 경우 재

건축초과이익환수제 적용을 배제한다고 발표하면서, 정비사업의 향배가 공공 시행방식을 선택할지, 민간 조합방식을 그대로 준용할지 귀추가 주목되는 상황입니다.

• **공공 시행방식 정비사업:** 그동안 주택재건축, 주택재개발과 같은 도심 재정비사업의 경우 사업 추진방식은 소유주들이 보유한 주택을 현물로 출자해서 조합을 설립하고, 조합이 사업 주체, 곧 사업시행자가 되어서 사업을 추진하는 것이었습니다. 2021년 2.4대책으로 공공 시행 정비사업이 처음 우리나라에 도입된 만큼 2021년을 기준으로 향후 정비사업에 어떤 영향을 미칠지를 쉽게 전망하기는 어렵습니다. 다만, 정비사업의 소유주들은 민간 조합방식과 공공 시행방식 중 선택지가 다양해진 만큼 더 다채로운 방식으로 사업을 추진할 수 있을 것으로 예상합니다.

PART

6

세금을 알면
투자 전략이 보인다

부동산 세금,
뭘 알아야 하나요?

"초보는 팔고 나서 계산하고, 중수는 팔기 전에 계산하고, 고수는 사기 전에 계산한다."

세금과 관련해 이런 말이 있습니다. 여기서 고수가 꼭 세무사나 그에 준하는 세무 지식이 있어야만 하는 것은 아닙니다. 그러나 팔기 전에 계산해보지 않는다면 자칫 낭패를 볼 수 있는 것이 세금이어서 미리 파악해두면 도움이 됩니다.

대부분 사람들은 돈을 벌면 그에 비례해 세금 내는 것을 당연하게 여깁니다. 직장인들은 원천적으로 징수되어서 세후 소득을 받습니다. 그래서 세금 납부가 당연한 것을 넘어서 기계적으로 징수됩니다. 이렇게 원천징수된 세금은 그다음 연도 초에 연말정산이라는 과정을 거치면서, 본인의 실효세율로 정산하게 되고 그 과정에서 더 낸 사람은 돌려받고, 그렇지 않은 사람은 더 내게 됩니다.

프리랜서나 사업소득이 있는 경우에는 5월에 종합소득세를 냅니다. 여기서 종합소득세란 근로소득을 포함해서, 모든 소득의 종류를 다 더해서 이에 수반하는 소득세를 내라는 의미입니다. 그래서 직장인 중에서도 다양한 수입 경로가 있는 분들은 5월에 종합소득세를 신고하곤 합니다.

주택에는 어떤 세금이 있을까요?
먼저, 주택을 취득할 때 내는 세금인 취득세가 있습니다. 그리고 주택 외 부동산을 취득할 때 내는 취득세도 있죠. 취득세는 모든 부동산을 취득할 때 내는데요, 여기서 매매로 취득했는지 아니면 상속이나 증여로 취득했는지에 따라 다른 취득세율로 이어지므로 취득하는 방식도 매우 중요합니다. 지금은 매매 취득을 기준으로 생각해 보겠습니다.

보통 부동산의 기본 취득세는 4%입니다. 거래가액의 4%죠. 이것을 '기본 취득세율'이라고 합니다. 여기에 농어촌특별세(이하 농특세)와 지방교육세가 가산되어서 4.6%의 세금을 냅니다.
그런데 주택의 경우에는 좀 더 복잡해집니다. 1주택을 취득했을 때 실수요자 취득을 권장한다는 의미에서 기본 세율 대비해서 할인을 해주기 때문입니다.

또한 가격에 따라서도 다른 취득세율을 보입니다. 면적에 따라서도 달라집니다. 예를 들어 1주택자인데, 85제곱미터 이하인 주택을 유상으로(매매로) 취득할 때 취득세 1.0%, 지방교육세 0.1%를 더한 1.1%가 최소세율입니다. 85제곱미터를 초과하면 농특세 0.2%가 붙는데요, 그래서 1.3%를 낸답니다. 아래 표는 주택을 유상으로 취득했을 때의 세율입니다(조정 1주택, 비조정 2주택).

가액	면적	취득세	농특세	지방교육세	합계
6억 원 이하	85m² 이하	1.0%		0.1%	1.1%
	85m² 초과	1.0%	0.2%	0.1%	1.3%
6억 원 초과~9억 원 이하	85m² 이하	1.01~3.0%	0	0.1~0.3%	1.11~3.3%
	85m² 초과	1.01~3.0%	0.2%	0.1~0.3%	1.31~3.5%
9억 원 초과	85m² 이하	3.0%	0	0.3%	3.3%
	85m² 초과	3.0%	0.2%	0.3%	3.5%

*근생건물 취득세 등: 4.6%

6~9억 원 사이의 주택은 1.01~3.0%의 취득세를 냅니다. 면적에 따라 각각 85제곱미터 이하는 1.11~3.3%의 취득세를 내고요, 85제곱미터 초과는 1.31~3.5%의 취득세를 냅니다. 그리고 9억 원을 초과하며 85제곱미터 이하의 고가 주택은 3.3%, 85제곱미터 초과는 3.5%의 취득세를 냅니다.

1주택의 취득세만 해도 이렇게 복잡하다는 것을 알 수 있습니다. 반대로 오피스텔은 일반 부동산이므로 4.6%의 취득세율로 동일하며 가격이나 면적과 무관합니다. 토지도 4.6%의 취득세를 냅니다. 즉, 주택 외 다른 부동산은 취득세가 비교적 단순한 데 반해 주택은 1주택인지, 면적에 따라, 집값에 따라 취득세율이 달라집니다.

2주택 이상이면 어떻게 될까요? 조정지역일 때는 2주택이냐 3주택이냐에 따라서 세율이 달라집니다. 비조정지역일 때는 3주택이냐 4주택 이상이냐에 따라서 달라집니다.

법인을 설립해서 주택을 취득할 때는 지역, 주택 수와 상관없이 최고 취득세율을 적용받습니다. 아래 표는 조정 2주택, 비조정 3주택 이상, 법인일 때 중과세율입니다.

구분			취득세	농특세	지방교육세	합계
개인	조정지역	1세대 2주택	8.0%	0.6%	0.4%	9.0%
	비조정지역	1세대 3주택	8.0%	0.6%	0.4%	9.0%
	조정지역	1세대 3주택	12.0%	1.0%	0.4%	13.4%
	비조정지역	1세대 4주택	12.0%	1.0%	0.4%	13.4%
법인	지역, 주택 수 무관		12.0%	1.0%	0.4%	13.4%

*2021년 8월 12일 이후 취득분부터 적용하되, 7월 10일 이전 계약분은 종전 규정 적용

주택은 취득세만 해도 이렇게 다양한 세율을 적용받습니다. 보통 주택을 처음 취득할 때는 취득세에 큰 의미를 두지 않는 경우가 많

습니다. 중요한 것은 취득세에 담긴 정부 정책의 의도입니다. 표에서 알 수 있듯이 정부는 1주택자의 취득세에 대해서는 고가 주택이라 하더라도 일반 부동산보다 더 낮은 세율의 취득세를 부과합니다. 무주택자의 주택 취득을 장려한다는 의미입니다. 그러나 다주택자혹은 법인의 부동산 취득에 대해서는 오히려 몇 배나 높은 취득세율을 부과하고 있습니다. 이는 주택을 여러 채 취득하는 것을 장려하지 않는다는 것이죠.

이처럼 세법에는 시장 참여자들에게 어떻게 하면 좋겠다는 정부측 의지가 담겨 있습니다. 취득세만 해도 이 정도인데, 이후 보유 단계에서 내야 하는 재산세와 종합부동산세, 그리고 처분 단계에서 내야 하는 양도세나 상속-증여세 등을 살펴보면 더욱 정부 측 의도를 읽을 수 있습니다.

2020년부터
저가 주택들이 왜 올랐을까요?

최근 수도권을 포함해서 지방까지 전국 주택 시장에서 특이한 가격 추이를 보이는 곳이 있습니다. 바로 공시가격 1억 원 이하인 저가 주택입니다. 공시가격 1억 원 이하 저가 주택이라도 시가는 2억 원 이하인 주택들이 많은데요, 이들 주택이 왜 지금 화두일까요?

정부는 2020년 8월 세법 개정을 통해서 주택을 보유한 사람이 조정지역에서 추가로 주택을 취득할 때의 세금을 8%라는 중과세율로 부과하기 시작합니다. 3주택의 경우 12%의 취득세를 부과하게 되죠.

예를 들어 3억 원의 주택이라면 종전에는 취득세를 1.1%를 냈지만, 개정 세법에서는 1세대 2주택으로 조정지역에서 매수했다면

9.0%의 세금을 내게 됩니다. 비조정지역이더라도 주택을 3채 이상 취득하면 취득세가 8%로 높아집니다.

조정지역에서 1세대 3주택이 될 때는 3배나 상승해서 12%의 취득세율에 농특세와 지방교육세를 합해 총 13.4%의 취등록세를 내야 합니다. 조정지역이 아니더라도 1세대 4주택이라면 마찬가지로 13.4%의 세금을 냅니다. 법인은 주택 수나 지역과 상관없이 무조건 13.4%의 세금을 냅니다.

취득세가 매우 강력해진 것이죠. 그런데 이런 취득세 중과제도가 시행되자, 그때부터 갑자기 전국의 공시가격 1억 원 이하 주택의 가격이 크게 상승합니다. 왜 그랬을까요?
그 이유는 공시가격 1억 원 이하인 주택들은 '저가 주택'이라고 하여, 이처럼 높아진 취득세율 적용대상이 아니기 때문입니다.

시세 2억 원인 아파트가 공시가격 8천만 원이라고 하고, 시세 2.5억 원 아파트가 공시가격 1억 원이라고 가정해봅시다. 공시가격이 1억이 되지 않는 아파트는 취득세율이 1.1%, 1억이 넘는 아파트는 어느 누군가에게는 취득세율이 13.4%가 됩니다. 그러면 전자의 매매가 시세는 2억 원이고 취득세로 220만 원을 내지만, 후자의 경우 중과취득세율로 최대 13.4%를 내야 하므로 2,680만 원이 취등록세가 된다는 의미입니다. 격차가 10배 이상 납니다. 이러한 세법 개정으로 인해 투자자들은 자연스럽게 취득 시의 부담이 낮은 주택으로 관심이 쏠릴 수밖에 없었습니다. 이런 현상이 전국적으로 일어납니다. 그 결과로 전국의 공시가격 1억 원 이하 아파트들의 가격 상승세가 본격화되었습니다.

조용하던 몇몇 도시에 외지인들의 차량이 들어오고, 집을 다 보지도 않고 조건에만 맞으면 사들이기 시작합니다. 외부 수요가 들어왔으니 해당 주택가격은 상승하고, 이것이 반복되면서 가격 상승세는 더욱 가속화됩니다.

현재 세법상에는 '조정지역 내의 다주택자'가 주택을 매각할 때 양도소득세를 중과 받는 경우가 일반적이지만, 조정지역이 아닌 주택에는 중과세율이 아닌 기본 세율을 부과하게 됩니다. 그러니 소액 부동산일수록 세율이 낮아서 유리한 전략이 되지요.

조정지역 내의 저가 주택의 경우 취득세는 혜택이 있으나 양도할 때는 중과세율을 적용받게 됩니다. 또 단기 양도세를 정부가 2021년 6월 1일부터 1년 미만 70%, 2년 미만 60%로 상향 조정했습니다. 이런 변화 전까지는 단기 양도세가 최대 40%였습니다. 즉, 단기 투자금에 대해서는 회수가 충분히 이뤄지지 않았다는 의미입니다.

돈은 스마트합니다. 가장 유리한 전략을 선택하고자 하는 시장 참여자의 생각을 그대로 반영합니다. 현재 시점에서 조정지역에서 주택을 여러 채 사들이는 것은 좋은 전략이 아닙니다. 보유세 상승분이 커지기 시작하면 눈덩이가 되고 그로 인한 매몰비용이 적지 않기 때문입니다.

시장은 제도를 이해하고, 제도의 빈틈을 파고듭니다. 현재는 공시가격 1억 원 이하 주택이 그 빈틈 중 하나이며, 아마 앞으로 계속해서 그런 빈틈을 찾는 시도가 이어질 것입니다.

고가 1주택만 갖고 있어도
종부세 폭탄인가요?

　요즘 세금은 부동산 시장에서 가장 큰 화두 중 하나입니다. 2021년 부동산 공시가격은 전년보다 19% 이상 상승하며, 올해 재산세와 종부세 등 보유세가 매우 큰 폭으로 오를 것이라고 예고한 바 있습니다.

　주택을 신규로 구입하려는 입장에서 주택의 보유세까지 생각하는 경우는 많진 않습니다. 왜냐면 주택을 구입할 때 들어가는 비용 대비 보유세는 사실 미미하기 때문입니다. 그리고 당장 현금 지출이 있는 항목이 아니다 보니 아예 신경을 안 쓰는 사람도 있습니다.

　보유세에는 재산세와 종합부동산세 2가지가 있습니다. 이 두 세금의 부과 기준일은 6월 1일 기준으로 소유 여부를 따져서 부과됩니다. 그래서 5월을 잔금 지급일로 거래하는 경우가 매우 빈번합니다. 이는 파는 사람 입장에서 보유세를 내지 않고 팔 수 있다는 것을 의미하기 때문입니다. 반대로 매수하는 입장에서는 5월에 잔금을 내고 매수한다면, 6월 1일 기준 소유자가 되기 때문에 그해의 재산세와 종부세를 내야 합니다. 날짜에 대한 감각을 유지하는 것이 필요합니다.

먼저 재산세에 대해서 알아볼까요? 재산세는 매년 고시되는 공시가격의 60%를 과세표준으로 하여, 이 과세표준액에 따른 세율로 세금을 냅니다.

과세표준	표준세율 (공시가격 6억 원 초 과 다주택자·법인)	특례세율 (공시가격 6억 원 이하 1주택자)	감면액	감면율
6,000만 원 이하 (공시가격 1억 원)	0.10%	0.05%	0~3만 원	50%
6,000만 원 초과~1억 5,000만 원 이하 (공시가격 1억 ~2억 5,000만 원)	6만 원+6,000만 원 초과분의 0.15%	3만 원+6,000만 원 초과분의 0.1%	3만 원~7만 5,000원	38.5~ 50%
1억 5,000만 원 초과 ~ 3억 원 이하 (공시가격 2억 5,000만 ~5억 원)	19만 5,000원+1억 5,000만 원 초과분의 0.25%	12만 원+1억 5,000만 원 초과분의 0.2%	7만 5,000원~ 15만 원	26.3~38.5%
3억 원 초과~3억 6,000만 원 이하 (공시가격 5억~6억 원)	57만 원+3억 원 초과분의 0.4%	42만 원+3억 원 초과 분의 0.35%	15~18만 원	22.2~26.3%
3억 6,000만 원 초과 (공시가격 6억 원)		–	–	–

*특례세율은 2021~2023년 한시 적용
*출처: TAXWatch

공시가격이 1억 원일 때 공정시장가액반영비율인 60%를 곱하면 6,000만 원이 됩니다. 6,000만 원 이하이면 세율이 0.1%입니다. 6,000만 원 초과~1억 5,000만 원 이하라면 6만 원 + 6,000만 원 초과분의 0.15%가 됩니다. 1.5억 초과~3억 원 이하라면 19.5만 원 + 1.5억 초과분의 0.25%로 올라가며, 3억 초과라면 57만 원 + 3억 초과분의 0.4%가 됩니다. 즉, 구간별 세율이 0.1%, 0.15%, 0.25%, 0.4%라는 의미이고, 누진과세 체계입니다.

2021년부터 2023년까지는 재산세가 이원화됩니다. 공시가격 6억 원 이하인 1주택자에 한해서 특례세율을 적용합니다. 6,000만 원 이하 구간이 0.1%가 아니라 0.05%로 2분의 1 낮아지며, 0.6억~1.5억 이하에는 0.15%에서 0.1%로 0.05% 낮아집니다. 1.5억 초과~3억 이하 구간도 0.25%에서 0.2%로 낮아지며, 3억 초과~3.6억 원 이하(공시가격 6억 원) 구간도 0.4%에서 0.35%로 0.05% 낮아집니다. 각각 전 구간에서 0.05%를 낮춰주는 겁니다. 공시가격 6억 원이면 시세는 약 8~9억 내외여서 전국 고가 아파트가 아닌 일반 아파트를 1주택으로 소유하고 있는 92% 세대는 재산세가 감면되는 효과가 있습니다.

재산세는 '부동산'에 부과되는데, 그래서 과세기준이 '물건별' 기준이라는 특징이 있습니다. 물건별이란 어떤 의미냐면 소유자가 누구인지 따지지도 않고 일단 그 부동산에 '너의 재산세는 이만큼이야'라고 과세하는 것이죠. 그리고 그렇게 과세된 세금은 해당 부동산의 지분 소유권만큼 나눠집니다. 예를 들어 특정 주택의 재산세가 100만 원인데, 1인 소유라면 그 개인이 100만 원을 내지만, 2인이 공동으로 반반 소유하고 있다면 각각 50만 원씩 내게 됩니다. 10명이 소유하고 있다면 10만 원씩 10명이 내는 거지요. 재산세는 물건을 기준으로 부과되는 만큼 계산하기가 비교적 손쉽습니다.

정책으로서가 아니라 세금으로서 종합부동산세를 알아볼까요? 종합부동산세는 물건별 과세가 아니라 '인별' 과세라는 특징이 있습니다. 그 얘기는 ○○○이란 사람에게 물어보는 것이죠. "○○ 씨가 보유한 과세대상 주택의 공시가격을 다 더하면 1주택인 경우 9억 원이 넘나요? 혹은 2주택 이상이라면 6억 원이 넘나요?"라고요. 여기에 그렇다고 대답한다면 종합부동산세가 과세됩니다.

그래서 종부세는 기본적으로 고가 주택을 보유하거나, 혹은 과세대상 주택을 여러 채 보유하는 경우 냅니다. 반대로 과세대상 주택이 아닌 예도 있습니다. 가령 2018년 9.13대책 발표 이전에 장기주택임대사업자로 등록한 전용면적 85제곱미터 이하, 공시가격 6억 이하의 주택을 몇 채 가졌든 상관없이(설령 100채라도), 이는 과세대상 주택이 아닙니다. 2021년 현재 장기주택임대사업자 제도가 개정되면서 이렇게 종합부동산세를 회피할 수 있는 수단은 많이 사라졌습니다. 어쨌든, 종부세는 인별 과세를 하다 보니, 종부세를 감면하기 위해서 여러 채 부동산을 소유한 사람들은 증여나 매각 등을 통해서 세금을 감면하곤 합니다. 종부세는 2주택 이하(조정지역 2주택은 제외)인 세율과, 3주택 이상 또는 조정지역 2주택의 세율이 이원화되어 있습니다.

1주택 또는 비조정지역의 2주택자인 경우, 과세표준액이 3억 원 이하는 0.6%, 3~6억 원 사이는 0.8%, 6~12억 원 사이는 1.2%, 12~50억 원 사이는 1.6%, 50~94억 원은 2.2%, 94억 원 초과는 3.0%의 세율로 2020년 대비 각각 0.1~0.3%p 정도 세율이 인상되었습니다.

종합부동산세도 누진과세가 적용되는데요, 예를 들어 과세표준 12억 원인 사람은 12억 × 1.2%를 하는 게 아니라, 3억 이하는 0.6%, 3~6억은 0.8%, 6~12억 구간만 1.2%로 계산해서 더하는 방식입니다. 구간별 세율이 다르기 때문에 실제 계산해보면 더욱 이해하기 쉽습니다.

조정지역 2주택자 또는 지역 무관 3주택자의 세율이 대폭 인상되었습니다. 과세표준 3억 원 이하는 세율이 종전 0.8%에서 1.2%로, 3~6억 원 사이는 종전 1.2%에서 1.6%로, 6~12억 원은 종전

1.6%에서 2.2%로, 12~50억 원 사이는 종전 2.0%에서 3.6%로, 50~94억 원 사이는 종전 3%에서 5%로, 94억 초과는 종전 4%에서 6%로 상승했습니다.

재산세의 경우 공시가격 6억 원 이하인 1주택자에 대해서는 세율 인하가 있었고, 종합부동산세를 내는 사람에 대해서는 과표금액이 크거나, 또는 조정지역 2주택자 이상, 즉 다주택자들에 대해서는 일제히 세율을 상승시킨 것을 보면 정책이 지향하는 바를 짐작할 수 있습니다.

재산세와 종부세에 모두 적용되는 개념 중 하나가 '세금 상한선'입니다. 이 개념은 전년도 낸 세금 대비 과도한 세금 인상을 방지하기 위해서 마치 주식 시장의 상한가 개념처럼 세금이 오르는 한도를 정하는 기준입니다.

재산세의 세금 상한선은 130%인데, 즉 작년에 냈던 세금이 100이라면 올해는 계산세액이 200이 나오더라도 세금 상한선에 따라 130만큼만 낸다는 의미입니다.

이게 끝이 아닌데요. 종합부동산세까지 합한 '보유세'의 세금 상한선은 1주택 혹은 비조정지역 2주택인 경우 150%입니다. 조정지역 2주택 이상 또는 일반 지역 3주택 이상일 때는 300%로 높아집니다.

예를 들어 보유세(재산세 + 종부세)를 작년에 100만큼 낸 1주택자의 경우, 세금 상한선에 따라 합산 보유세가 올해 200으로 계산되더라도, 150만큼만 내면 됩니다.

그런데 조정지역 2주택자의 경우 작년에 100만큼 냈고, 올해의 계산세액이 300이 나왔다면, 그대로 300을 낸다는 의미입니다. 세금 상한선이 300%이기 때문이죠.

세금 상한선이 있기 때문에 공시가격이 상승하고 종부세율이 인상되는 효과는 조정지역의 2주택 이상 혹은 일반 3주택 이상인 다주택자들에게 더 증폭해 적용됩니다. 반면 1주택자 혹은 비조정지역의 2주택자에게는 세금 상한선이 과도한 세금 인상 효과를 방지하는 완충제가 됩니다.

최근 종부세 과세 기준을 1가구 1주택에 한해 공시가격 9억 원에서 상위 2%로 변경을 추진 중입니다. 이런 변화가 있더라도 종부세 납부자의 세금 계산 방식은 같은 메커니즘을 따릅니다. 다만 종부세 기준을 인위적으로 변경하다 보면 시장의 불신이 커질 수 있습니다.

1주택 실수요자는
세 부담이 없나요?

2020년 7월 10일 부동산 정책이 발표되었습니다. 부동산 세법 관련 정책은 7월 10일 이전과 이후로 나뉜다고 봐도 과언이 아닙니다. 7월 10일은 앞서 본 내용처럼 취득-보유-처분의 부동산 생애주기 전 과정에 걸쳐, 세율을 높였으며 이로 인해서 세후 수익률이 종전보다 확연히 낮아지도록 만들었다는 특징이 있습니다. 취득세의 경우 과거보다 2~3배나 증가했고, 양도소득세는 최대 82.5%라는 세계 최고 수준으로 올라갔으며, 보유세 역시 종전보다 최대 3배까지 올라가는 세율로 변했기 때문입니다.

7.10대책이 있으니 이제 더는 부동산으로 돈을 벌지 못하는 시대가 오는 것일까요? 안타깝게도 이 말은 반은 맞고 반은 틀립니다.

사실 부동산 세법은 2017년부터 계속해서 발표되어왔으며, 그 이전 50년의 역사에서도 지속해서 변해왔습니다. 그리고 세율의 조정과 같은 부분들은 시장을 안정화하거나 활성화할 때 항상 수반되는 장치였습니다. 반복되는 변화의 과정에서 거의 변하지 않는 원칙이 하나 있다면 바로 '1주택 실수요자 보호'입니다.

　　앞서 취득세에서 1주택 실수요자는 취득세율도 타 부동산 대비 낮을뿐더러, 소득 기준 등에 따라 여전히 감면해주고 있습니다. 재산세나 종합부동산세와 같은 보유세는 어떨까요? 보유세도 1주택이나 부부 공동소유를 통해 1세대 1주택이라면 보유기간 공제와 연령공제 제도를 두어서 최대 70%(2021년부터 최대 80%)까지 종합부동산세를 공제해줍니다. 가령 60~64세라면 20%, 65~69세라면 30%, 70세 이상은 40%를 공제하고, 주택을 보유한 기간이 5~9년 이내라면 20%, 10~14년 이내라면 40%, 15년 이상이라면 50%를 공제해줍니다. 이 둘을 합치면 최대 80%까지 공제가 되는 셈이죠.

　　처분 단계인 양도소득세는 어떨까요? 주택을 처분할 때 1세대 1주택의 경우, 2년 거주요건을 충족하였다면 최대 9억 원까지 비과세 적용을 받습니다. 예를 들어 5억 원에 주택을 취득해 2년 이상 거주한 상태로 나중에 9억 원에 양도했다면, 비과세가 되어 세금이 0원입니다. 9억 원이 넘는 가격에 매도했을 때는 그 초과분에 대해서 과세하게 되는데요, 이때도 1세대 1주택은 장기보유특별공제를 통해서 10년 이상 보유한 경우 최대 80%까지 공제받게 됩니다.

장기보유특별공제는 공제 전 과세기준액이 5억 원이라고 한다면 80%를 공제해 4억 원이 공제되어서 과세대상금액이 1억 원이 된다는 의미입니다. 그만큼 매우 강력한 제도인데요, 1세대 1주택일 때는 주택 실수요라고 해석되어왔기 때문에, 현재까지 지속해서 공제율을 높게 보장해줍니다.

장기보유특별공제는 2008년 3월 20일까지는 15년 이상 주택을 보유한 경우 45%까지 공제받는 것이 최대였습니다. 이것이 2008년 3월 21일부터 바뀌어 20년 이상 최대 80%까지 공제받는 것으로 공제율이 대폭 확대되었습니다. 그리고 2009년 1월 1일부터는, 10년

보유 기간	1주택			다주택
	합계	보유	거주	
3~4년	24%	12%	12%	6%
4~5년	32%	16%	16%	8%
5~6년	40%	20%	20%	10%
6~7년	48%	24%	24%	12%
7~8년	56%	28%	28%	14%
8~9년	64%	32%	32%	16%
9~10년	72%	36%	36%	18%
10년 이상	80%	40%	40%	20~30%*

*다주택자는 기존과 동일하게 15년 이상 보유 시 최대 30% 공제 가능

이상만 보유해도 최대 공제율 80%를 받도록 제도가 개선되었습니다. 과거에는 20년 보유해야 했지만, 이제는 10년만 보유해도 최대 80%를 공제받는 것이죠.

장기보유특별공제 최대 80%가 있어서 1세대 1주택 가구의 경우, 주택 취득가액이 낮고 주택 매각이 매우 높은 극단적인 상황이라고 하더라도, 9억 원 비과세와 장기보유특별공제 80%의 조합으로, 실제 매각이익 대비 양도세율은 5%를 넘지 않을 수 있었습니다. 좀 더 간단히 말하자면, 주택을 10년 전 3억 원에 매수하고, 10년이 경과한 후 약 15억 원에 매각하면서 매각차액이 12억 원이 나도, 막상 세금을 계산해보면 양도소득세는 불과 1,960만 원 정도입니다. 왜 이렇게 되는 걸까요?

부동산계산기.com을 써서 간략히 세금을 계산해보면, 취득가액 3억 원, 양도가액 15억 원일 때 양도차액이 12억 원이지만, 보유기간이 11년이면 과세대상 양도차액은 4.8억 원이 됩니다. 이 부분에서 과세대상 양도차액은 9억 원 비과세 부분을 차감한 값인데요, 여기서 9억 원 비과세의 위력이 등장합니다. 만약 9억 원 이내 가격으로 주택을 매각했다면 양도소득세가 아예 없었을 것입니다.

과세대상 금액인 4억 8,000만 원에, 장기보유특별공제는 무려 3억 8,400만 원으로 80%가 공제된 것을 알 수 있습니다. 사실상 거

#	적요	금액
1	취득가액	300,000,000
2	취득일자	2009-01-01
3	양도가액	1,500,000,000
4	양도일자	2020-01-01
5	양도차익	1,200,000,000
6	보유기간	11년 0개월
7	과세대상양도차익	480,000,000
8	장기보유특별공제	384,000,000
9	과세표준	93,500,000
10	양도소득세율	35%
11	양도소득세	17,825,000
12	지방소득세	1,782,500
13	총 납부금액	19,607,500

의 모든 과세대상 금액이 이 두 과정을 거치면서 원래의 10분의 1 이하로 낮아집니다. 결국 과세표준액은 9,350만 원이며 여기에 양도소득세율 35%도 누진세율로 곱해지기 때문에 양도소득세는 지방세를 더해서 총 1,960만 원이 나오는 것이죠. 그럼 이 경우, 총 12억의 매각차익 대비해서 양도세가 1,960만 원이므로 실효세율은 약 1.6% 정도가 됩니다. 즉 98.4%의 부동산 매각이익이 세후 소득으로 개인에게 귀속됩니다.

이러한 점 때문에, 2021년 1월 1일 이후부터는 장기보유특별공제가 거주 10년과 보유 10년으로 각각 최대 40%를 공제해주도록 바뀌었습니다. 이러한 장기보유특별공제율이 여전히 최대 80%까지 유지된다는 점은, 이러니저러니 해도 '1세대 1주택에 대한 과세 보호' 원리가 철저히 지켜지고 있다는 것을 의미합니다.

2017년 8.2대책 이후 조정지역 내에서 다주택자가 주택을 매각할 때는 장기보유특별공제가 적용되지 않습니다. 그러니 다주택자들은 기본 양도소득세율에 중과세율을 내는 것도 부족해서, 장기보유특별공제도 적용받지 않기 때문에, 만약 똑같은 경우 2주택자가 매각한다고 계산해보면 상당한 차이가 납니다.

같은 금액, 같은 매각차익이며 취득은 8.2 부동산 대책 이후 시점인 2018년 1월 1일, 매각은 미래 시점인 2029년 1월 1일을 기준으로 했을 때, 예상 양도소득세는 최대 7억 8,400만 원이 되는 것을 확인할 수 있습니다. 납부금액의 상승은 가장 먼저 과세표준을 계산할 때 공제가 없다는 부분이 크며, 두 번째로 양도소득세율이 중과된다는 것인데요, 그렇다면 이 사람이 만약 2주택자라면, 이 세율에도 주택을 매각할까요? 아니면 몇 년 더 버티면서 1세대 1주택 공제라거나 혹은 세율이 낮아지는 것을 기대할까요?

이런 양도세의 비교는 매우 극단적으로 보일 것입니다. 그런데

#	적요	금액
1	취득가액	300,000,000
2	취득일자	2018-01-01
3	양도가액	1,500,000,000
4	양도일자	2029-01-01
5	양도차익	1,200,000,000
6	보유기간	11년 0개월
7	과세표준	1,197,500,000
8	양도소득세율	65%
9	양도소득세	712,975,000
10	지방소득세	71,297,500
11	총 납부금액	784,272,500

실제 국내 부동산 세법은 이렇게 이뤄져 있습니다. 다주택자들에게는 사실상 거의 모든 평가이익에 대해서 과세를 하되, 1세대 1주택의 경우에는 사실상 제로 수준의 과세를 합니다. 이는 과거 살펴보았던 것처럼 부동산경기가 호황일 때는 안정화 대책을 강력하게, 부동산경기가 불황일 때는 활성화 대책을 강력하게 쓰는 것처럼 냉탕과 온탕의 정도 차이가 매우 심하다는 것을 알 수 있습니다.

2020년 발표된 7.10 부동산 대책은 다주택자에 대한 과세 수준을 과거 대비 비약적으로 상승시켰습니다.

오해하지 말아야 할 점은 1세대 1주택자에 대한 과세는 종전보다 강화했다고 할 수 있지만, 그 수준이 매우 미미한 변화입니다. 1세대 1주택자들이 부동산 과세로부터 자유로워진다는 것, 또 9억 원 비과세라는 제도가 2년 단위로 주택을 사고팔더라도 거주조건만 채운다면 무제한으로 재활용될 수 있다는 점은 여전히 우리나라에서 부동산이 자산증식의 수단으로 작동할 수밖에 없도록 하는 제도 중 하나입니다. 1세대 1주택자들의 경우 세금을 무서워할 필요가 없습니다. 지금 세법이 바뀌지만 않는다면요.

오피스텔 시장에
부는 풍선효과?

2020년 말부터 오피스텔 투자가 좀 더 활성화되었습니다. 과거에도 오피스텔에 투자해 임차료를 받는 경우가 많았지만, 더 증가한 이유는 무엇일까요?

먼저 오피스텔의 경우, 취득 당시 비주택이어서 취득세 중과가 되지 않는다는 점 때문입니다. 2주택, 3주택의 취득세율이 8%, 12%로 높아진 상태에서 오피스텔을 여러 채 보유하고 있더라도 취득세는 4%이므로 취득세 측면에서 유리합니다.

오피스텔을 실제 비주택 용도로 사용하고 임차를 주고 있다면, 이 경우 오피스텔은 주택이 아니므로 주택 관련 과세와 무관합니다. 다주택자 양도소득세 중과를 적용받지 않는다는 의미입니다. 이 때문에 양도소득세 역시 중과세율이 아니라 기본 양도세율(소득세율과 같은 세율 구간으로 6~45%)을 적용받습니다.

　더구나 최근의 오피스텔은 아파텔과 같이 아파트의 장점을 흡수하면서 전용률이 높고(전용면적/공급면적), 관리비도 과거보다 많이 낮아졌으며 더욱이 상가와 같이 건축할 수 있다 보니 근린생활 편의시설 등도 늘어나 장점이 많아졌습니다.

　청약할 때도 오피스텔의 장점이 있습니다. 청약 시점에 보유 중인 오피스텔은 주택으로 보지 않습니다. 심지어 주거용으로 전입하고 있더라도 주택으로 보지 않기 때문에, 청약을 기다리는 신혼부부 수요가 오피스텔 등으로 가는 것은 지극히 당연한 현상입니다.

　그런데 오피스텔을 매수하는 것은 장점만 있을까요?

　첫째, 오피스텔도 주거용으로 임차를 주는 경우, 양도소득세 등을 계산할 때 주택으로 계산하게 됩니다. 특히 자가 거주 주택이 있는 세대가 투자 목적으로 오피스텔을 보유하는 경우에는 2주택자가 되면서 1주택 1세대 비과세 혜택 등을 받지 못할 때도 있습니다. 이처럼 오피스텔을 투자 목적으로 샀다가 자칫 세금을 몇 배나 더 내야 하는 경우도 있습니다.

　『아는 만큼 돈 버는 부동산 절세전략』의 저자 이상혁 부동산 전문 세무사는 오피스텔로 인해서 내지 않아도 될 세금을 과다하게 내는 경우를 종종 마주한다고 합니다. 특히, 배우자 간에 부동산 소유 현황을 제대로 공유하지 않은 채 상대방이 오피스텔 투자를 몰래 했을 때 이런 일이 생기곤 합니다. 0원이었어야 할 1주택 양도세가 다주택자로 인정되면서 몇억을 내게 된 사례가 심심찮게 나온다고 합니다.

이처럼 오피스텔이 청약과 취득에는 다주택이나 주택 규정을 받지 않다가, 보유세나 양도세 등에서 주택으로 취급되면서 상당히 혼란스러운 상황이 올 수 있다는 점을 조심해야 합니다.

이 때문에 오피스텔은 취득세가 낮아서 투자 목적으로 보유하는 전략을 쓸 만한 대상인 건 맞지만, 임차인의 전입신고가 있을 시 거주 주택까지 포함해서 다주택자가 되어버리므로 자칫 세법상 중과세율을 적용하면서 이익보다 세금이 더 클 수 있습니다. 그래서 오피스텔을 보유한 경우의 절세전략은 일반적으로 아래의 방식을 따릅니다.

첫째는, 오피스텔을 임대사업자로 등록하는 것입니다. 앞서 주택임대사업자 제도가 2020년 7.10대책을 통해서 사라졌다고 살펴봤는데, 실제 사라진 주택임대사업자 제도는 '아파트-매입형' 주택임대사업자만 사라진 것이지, '오피스텔-매입형' 주택임대사업자 제도는 사라지지 않았습니다(다만 아파트가 아닌 다른 주거 유형의 주택임대사업자 폐지도 논의 중입니다). 따라서 오피스텔을 일정 면적/가액 이하에서 임대사업자로 등록하는 경우, 주택임대사업자의 다양한 혜택이 그대로 적용됩니다.

둘째는 오피스텔을 비주택, 즉 상업 시설로 사용하는 것입니다. 오피스텔은 민간 기업체 등 다양한 법인이나 개인에게 주거가 아닌 다른 용도로 임차하는 것을 기준으로 건설되기에, 이러한 비주택 용도로 임차를 한다면 주택과 무관한 투자 목적 부동산이 될 수 있습니다.

만약 거주 주택이 1채 있고, 오피스텔을 주거 목적으로 전입신고를 받은 채로 임차로 돌리다가, 본인 거주 주택의 비과세를 받고 싶다면 오피스텔의 임대차 계약이 종료되는 시점까지 기다렸다가 오피스텔이 공실이 된 이후에 매도하는 것이 유리합니다. 그런데 이때도 조심해야 할 것이 있습니다. 공실이 되자마자 매도했다고 곧바로 비주택으로 인정받지 못할 가능성도 크다는 점입니다. 과거에 오랜 기간 주거용으로 쓴 오피스텔이 잠시 공실이라고 하더라도, 이는 용도 변경으로 인한 공실인지, 아니면 새로운 임차인을 구하는 과정에서 발생한 공실인지를 구분해야 한다는 것입니다. 이 때문에 공실 상태에서 매도하면 주택이 아닌 게 된다는 말만 듣고, 덜컥 매매하기보다는 세무사에게 상담을 꼼꼼히 받아본 후에 처리하는 것이 좋습니다.

요컨대, 최근 주택 시장을 보면 주택 규제로 인한 풍선효과가 오피스텔 시장에까지 넘어오고 있습니다. 특히 주택임대사업자 제도가 아파트에서는 사라졌지만 오피스텔에는 유효해 상대적으로 투자자들이 오피스텔을 적극적으로 매수하는 것입니다. 그 와중에 오피스텔이 아파텔로 진화하고 있습니다. 시장은 이렇게나 빠르게 대응합니다.

우리나라의 부동산 세금은 주택경기 활성화 시기에는 전 세계에 유례가 없을 정도로 높은 세율을 자랑하다가, 침체 시기에는 반대로 유례가 없을 만큼 낮은 세율이나 아예 세금이 면제될 정도로 냉탕과 온탕을 오갔습니다.

최근의 부동산 세금 추세는 1주택 실거주자의 경우 종전엔 보유와 거주를 크게 구분하지 않았으나 점차 거주를 중심으로 세제 혜택을 유지하고, 보유자의 경우에는 혜택을 축소하고 있으며, 다주택의 경우에는 세 부담을 강화하는 형태로 바뀌고 있습니다. 7.10 부동산 정책을 통해서 매우 강화된 세제를 2021년 6월 1일부터 적용받게 되며 앞으로도 이러한 큰 흐름은 유지될 가능성이 작지 않습니다.

한국의 주택 관련 조세제도는 취득할 때 1주택자의 혜택이 크고, 보유 과정에서도 보유 부담이 적으며, 양도 시에는 1세대 1주택 2년 거주 9억 원 비과세 제도가 무제한으로 반복될 만큼 1주택자에게 전 세계 최고 수준의 관대함이 있습니다. 반대로 조정지역 내 다주택자의 경우에는 장기보유특별공제도 없고, 최고 수준의 양도소득세와 보유세를 내야 하는 만큼 1주택과 2주택의 격차가 매우 커서 세제의 양극화가 심합니다.

부동산 세금은 특히 가구당 계산될 때가 많으므로, 배우자와 부동산 상황에 대한 모든 정보를 공유하고, 부동산을 거래하기 전에 미리 세금과 관련해서 공부하거나 상담을 받아보는 것이 좋습니다.

사는 동안 꼭 한 번은 필요한 공부입니다

최근 유튜브 〈직방TV〉의 '아파트언박싱' 프로그램에 출연하면서 입주 예정 아파트 단지와 그 지역을 살펴보는 일을 하고 있습니다. 프로그램을 통해 청약에 당첨된 입주자를 만날 수 있었습니다. 촬영일에 이런저런 이야기를 나누다 보면 마치 청약의 달인을 만나는 듯한 느낌이 들어 깜짝 놀랄 때가 많습니다. 단순한 마음으로 청약을 시도해 당첨된 게 아니라, 어떤 전략을 세우고 어떤 방식으로 청약에 넣었는지 구체적으로 설명했습니다. '아는 게 힘'이라고 청약에 대해 알면 알수록 전략도 다양해지기에 당첨이 가능했던 것입니다.

그분들에게 어떻게 청약을 공부했기에 그렇게 잘 아느냐고 물어보면 하나같이 처음엔 하나도 모르는 데다 너무 복잡해서 무척 힘들었다고 답했습니다. 그러나 내가 살 집이 달린 문제이니만큼 청약

자격이 되는 순간 공부를 시작했다고 합니다. 물론 행운도 따랐겠지만, 공부를 했기에 전략적으로 접근할 수 있었겠지요.

한 대형 주택건설회사에 다니는 후배는, 자기가 서울의 한 정비사업의 공사 담당자로 있으면서 해당 사업지에서 나오는 주택 매매 거래 건에 신경도 쓰지 않다가 제가 2017년에 쓴 책을 읽고 나서 관심이 생겨 저에게 연락해 온 적이 있습니다. 비례율부터 정비사업의 수익률 계산, 또 기대이익과 리스크 등에 대해서 같이 의논한 후 그 후배는 해당 사업지의 조합원 지분을 매입했습니다. 올해 말 분양 예정 사업지인데, 결과적으로 그 후배는 평생 숙원이던 주택문제를 부동산 책을 통해 공부해서 해결했다고 할 수 있습니다.

저는 평소에 '모르면 스트레스고, 알면 스트레스가 아니다'라고 생각합니다. 특히 부동산도 그렇습니다. 부동산 문제(결국 자신의 주거 문제 해결)를 해결하는 것은 매우 어렵고 그래서 그 자체로 엄청난 스트레스가 되는 주제입니다. 주거 문제는 우리의 생애주기에서 교육비다 생활비다 해서 자금 지출이 급증하는 시기에 찾아오기에 더욱 그렇습니다. 특히나 부동산은 주식 투자처럼 몇십만 원의 소액으로 시작할 수 있는 것이 아니라 거의 생애 최대 금액을 쏟아부어야 하니 더욱 스트레스가 클 수밖에 없습니다.

부동산 공부의 영역은 넓고 또 체계적이어야 합니다. 그런데 시중에는 결과물만 알려주는 경우가 적지 않고, 혹은 묻지마 방식도 적잖이 존재합니다. 어떤 영역이든 공부할 때는 기초부터 탄탄히 쌓아가야 진정한 혜안을 얻을 수 있습니다. 즉 부동산 공부에도 왕도는 없습니다.

　저 역시 10년 넘게 쉬지 않고 부동산을 연구해왔지만, 지금도 공부의 필요성을 느낍니다. 그러나 제가 거쳐온 과정을 비교적 초보자의 눈으로 봐도 쉽게 이해할 수 있도록 단순화하고, 항목별로 요약할 수 있어서 이를 정리해 책으로 내게 되었습니다. 일단 한 분야를 알아가면서 느끼는 즐거움도 있지만, 부동산은 당장 실질적이고 실리적이어야 하는 분야인 만큼 단순한 앎의 즐거움을 넘어서서 현실적인 도움이 되리라 믿습니다.

　이 책을 통해서 방대한 부동산 공부의 첫 시작을 수월하게 할 수 있기를, 나아가 부동산 문제를 극복하고 넘어설 수 있기를 바랍니다.

부동산 공부는 처음이라

초판 1쇄 발행 2021년 7월 15일
초판 5쇄 발행 2023년 9월 22일

지은이   채상욱
펴낸이   장예원
펴낸곳   라이프런
출판등록 제2018-000173호
전화   02-2633-5677
팩스   02-6455-5677
이메일   lifelearn@naver.com
블로그   blog.naver.com/lifelearn

값 15,000원
ISBN 979-11-966259-5-5 (03320)

ⓒ 채상욱, 2021

*잘못된 책은 바꿔드립니다.
*이 책의 전부 또는 일부 내용을 재사용하려면
 사전에 저작권자와 라이프런의 동의를 받아야 합니다.